인생 오후

인생 오후

전회수 수필집

이든북

책을 내면서

  오늘도 희망을 안고 밝아오는 하늘을 바라본다.
  가슴 속에 설렘이 밀려든다. 살아온 골목길들을 아련히 떠올리며, 마음속에 쌓여있는 생각들을 글로 표현해 보려니 밤잠을 설치기도 하였다. 성장하면서 하고 싶은 것도 많았다. 하지만 어려서부터 가정 형편은 모든 것을 포기해야만 했다. 좋아하는 책을 가까이하기 보다는 부모님을 돕는 일이 우선이어야 했다.
  인생의 언덕길을 묵묵히 오르고 또 올랐다.
  그 언덕길은 충실한 인생과 활기찬 행복의 실상이 되어갔다. 열심히 살아가는 나날 속에서 용솟음치는 진심의 결정체라는 것이 숨어있었다. 바쁘게 살아오면서 자칫하면 놓치기 쉬운 나만이 간직했던 꿈을 지울 수가 없었다.
  책을 펼칠 수 있는 시간이 될 때마다 틈틈이 메모한 것들이 오늘날 나의 보물이 되어 주고 있었다. 보물을 넘어 이름 없는 나의 또 다른 친구가 되어 주었다. 언제나 배려심을 가진 폭넓은 사람으로 인내와 용기, 정의감을 기르는 일도 중요하였다. 나이 들어 어느 날 백일장에도 참여해 보니, 또 다른 산을 오르기 위한 용기가 나를 손짓하며 부르고 있었다. 그곳에 이르니 등단이라는 이름이 새겨지고 있었다.

이제는 가슴속에 간직했던 일상들을 꺼내 보려한다.

아름답고 보람된 일들도 많았지만, 사랑하는 가족을 떠나보내는 일처럼 슬프고 가슴 아픈 일은 없었다. 스쳐 지나가는 바람에 생명이 있을 리 없지만, 그 바람에도 마음을 느끼며 모든 것은 자신의 마음을 어느 방향에 두느냐에 달려 있었다.

"마음속에 엄격한 교사를 한 사람 둘 수 있다면, 하나의 교육은 완성된다."라는 말이 있듯이 책은 보이지 않는 나의 위대한 스승이었다.

세상에서 말하는 승리의 이름은 많지만, 그 어떤 승리보다 마음을 끝까지 관찰하는 것이 중요하였다. 지극히 평범한 일상 속에서도 봄의 향기가 희망을 안고 내 마음속에서 향긋하게 퍼지고 있었다. 인생 그 무엇과도 바꿀 수 없는 소중하고, 새로움으로 가득 찬 하루하루로 빛나고 있었다.

인생의 석양을 바라보며 뒤돌아보니, 빈 그릇을 채워가는 여정의 길이었다. 이제 꿈과 같았던 것이 현실의 문이 되어 열리려 하고 있다.

나와의 인연, 모든 우인에게 미소를 전하는 삶으로 살아가길 바라는 마음을 가슴에 담고자 한다.

• Contetns •

책을 내면서 · 4

1부 고마움 안고

어린 꼬마와 엽서 · 13
보라색을 좋아하는 이유 · 17
후지필름 · 22
유성 장날 · 26
노란 우산걸이 · 32
고마움 안고 · 35
횡단보도의 인연 · 38
청양의 그 텃밭 · 42
향기로운 우정 · 48

詩의 휴식
만남 · 21
내 안의 너 · 30
또 한페이지 · 46

2부 전하지 못한 편지

아이들 천국	· 55
어머니와 육남매	· 58
두 아이 어린 시절	· 64
전하지 못한 편지	· 68
아버지와 샘물	· 72
삼밭	· 78
며느리와 찻집에서	· 82
편의점 윤 여사님	· 87
남편과 반회보	· 91

詩의 휴식

가을 어느 날	· 62
벚꽃	· 76
첫걸음	· 86

· Contetns ·

3부 만남과 이별

여름 보내기	· 97
만남과 이별	· 100
그리움	· 104
선생님과의 추억	· 108
목소리	· 114
이 세상에서 제일 미운 카네이션	· 117
내성적 소녀	· 122
친구	· 126
인생 오후	· 130

詩의 휴식
세월	· 103
슬픈 여행	· 112
목련꽃	· 121

4부 어느 가을 슬픈 여행

어느 가을 슬픈 여행 · 137
스승님과의 인연 · 141
겨울 여행 · 146
조부님과 어머니 · 152
사돈과의 여행 · 156
형님 같은 동서 · 160
2023년 송년회 · 166
한 번도 뵙지 못한 외삼촌은 어디에 · 170
친정아버님 기일 날 · 176

詩의 휴식
황금빛 인생 · 150
꿈과 희망 · 164
오늘도 · 175

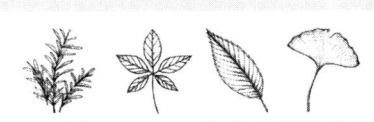

1부

고마움 안고

어린 꼬마와 엽서

오월이 되면 많은 추억들이 나를 부른다.

30년의 세월이 훨씬 지났다. 두 아이를 키우며 문구점을 하였다. 등하교 시간에는 가게를 셋이서 봐도 정신이 없을 만큼 분주하였다.

어버이날이 다가오던 어느 날이었다. 바쁜 시간이 지나고 한가로워진 오후 시간. 야무져 보이는 초등학교 일학년생이 가게 안으로 성큼 들어왔다.

아이는 카네이션 앞으로 다가가더니 묻는다.

"아줌마! 이 카네이션 얼마예요?"

조화로 만든 카네이션 한 송이 당시 삼백 원이었다.

아이는 한참을 서서 생각에 잠기더니, 손가락을 접었다 폈다 몇 번이나 반복하였다.

두 송이를 사려면 육백 원인데, 그러면 용돈이 하나도 남지 않는다는 말을 중얼거리며 한숨과 동시에 "아줌마 도대체 어버이날은 누가 만들었을까요?" 라는 고민이 가득 찬 한 소녀의 질문이 날카롭게 날아왔다.

나는 고민에 빠진 아이에게 다가가서 물었다.

"너 엄마 말씀 잘 듣니?"

"아니요!"

"공부는 열심히 잘하니?"

"아니요!"

"그럼 동생하고는 잘 지내고 있니?"

"아니요!"

"너 알고 보니 아주 말썽꾸러기구나!"

"집에서도 엄마가 매일 그런 말을 해요."

"그럼 너 아줌마가 가르쳐 주는 대로 한번 해 볼래?"

"뭔데요?"

"카네이션 사지 말고 오십 원짜리 엽서 한 장 사서 앞으로는 부모님 말씀도 잘 듣고, 공부도 열심히 하겠습니다. 그리고 동생하고도 사이좋게 잘 지내겠습니다라고 예쁘게 써서 엄마에게 전해보렴!"

"아녜요. 그럼 우리 엄마가 뭐라 할 거예요."

"아니야, 정말 좋아하실 거야!"

아이는 한참을 망설이다가 엽서 한 장을 구입해서 가게 문을 나섰다.

그리고 며칠이 지났다. 아이가 밝은 미소를 지으며 가게 안으로 들어왔다. 그리고는 숨찬 목소리로 말한다.

"아줌마가 알려 준대로 해 봤어요. 그런데 우리 엄마 잘 아세요? 아니, 난 네 엄마 누구인지 몰라! 그런데 어떻게 우리 엄마 마음을 아셨어요? 엄마 아빠가 엄청 좋아 하셨어요."

"그랬구나! 앞으로는 엽서에 쓴 대로 약속 지키며 내년에도 그렇게 해 보렴!"

"네, 아줌마 고맙습니다."

배꼽 인사까지 하고 돌아가는 아이의 뒷모습을 나는 한참이나 바라보았다.

많은 세월이 흘러갔다. 오월이 다가오면 그 소녀는 자신이 엽서에 새겨 놓았던 사연을 실천해가면서 예쁜 숙녀로 성장했을 거라 믿는다.

어린 마음에도 가게 아줌마가 시킨대도 실천하며 또한 우리 엄마를 잘 아느냐고 물으며, 고맙다고 반듯하게 인사하던 모습과 초롱초롱한 눈빛이 말해주고 있었기 때문이다.

그 아이의 부모 또한 아이의 행동에 대해 칭찬을 아끼지 않았고, 가게까지 찾아와 인사까지 할 수 있는 아이로 만들었다는 근원에 부모의 마음도 엿볼 수 있었다. 아이에게 숨겨진 재능과 자신감의 싹을 발아시키는 동기 부여가 중요하기 때문이다.

아이는 부모의 행동을 비추는 거울이라고 한다. 부모의 모습 자체가 아이의 마음에 새겨지는 법이기에 교육은 아이의 생명에 내재하는 가능성을 이끌어내는 일이다.

자녀의 생명에 내포하는 가능성을 따뜻하게 지켜보면서 키워주느냐, 그런 노력을 게을리 하느냐에 따라 인생이 가름 될 것이 분명하다.

무슨 일이 있어도 자신을 믿어주고 애정을 쏟아주는 부모만큼 아이에게 고마운 존재는 없을 것이다. 아이는 부모의 등을 보고 자라나, 공부나 지식의 측면에서 언젠가는 부모를 뛰어넘는 수준에 도달해 간다. 하지만 누구라도 자신의 등은 보이지 않는다. 이를 보기 위한 거울이 자녀라고 하듯이 아이들의 마음은 민감하다. 자신이 조금이라도 부모의 허영심을 만족시키는 수단이 되고 있다고 느끼면 풍족한 환경에 둘러싸여 있어도 틀림없이 아이의 마음 깊은 곳에는 말로는 다할 수 없는 외로움과 굶주림이 새겨질 것이다.

나 또한 두 아이를 키우면서, 가정의 평화로운 대화 속에 지혜의 경험을 조언해주는 엄마로서 두 아이 커가는 관심의 폭을 넓혀왔고, 앞으로도 그 길에 게을리 하지 않도록 탐구를 이어가리라!

보라색을 좋아하는 이유

"할머니 저기 할머니가 좋아하는 보라색 꽃이 있어요."
 가족 외식을 하던 어느 날 식당 창밖에 예쁘게 피어난 라벤더 꽃을 본 어린 손녀의 발걸음이 아장아장 분주해지고 있었다.
 고사리 손으로 나의 손을 이끌며 예쁘게 피어난 꽃밭으로 안내하는 엄지가 그날따라 너무나도 사랑스러웠다. 말을 배우기 시작하는 손녀에게서 어느 날 갑자기 질문이 날아왔다.
 "엄지는 핑크색을 제일 좋아하는 데 할미는 무슨 색을 좋아하세요?"
 "엄지야, 할머니는 보라색을 제일 좋아한단다."
 귀여운 손녀의 질문에 망설임 없이 나오는 답변이었다.

 그 후 엄지는 어린이집에 다니면서 그림을 그리는 날에는 할머니가 좋아하는 보라색으로 색칠했다며 그림을 전해주기도 하였다.

요즘은 동생과 손잡고 유치원에 가는 모습이 너무나도 의젓하다. 가까이에 살면서 만날 때마다 보라색만 눈에 띠면 할머니가 좋아하는 보라색 저기 있어요, 라고 할머니의 칭찬을 불러온다.

지난해 할머니의 시상식장에도 고사리 같은 두 아이 손에는 눈부시도록 아름다운 보라색 꽃다발을 안고 있었다.

나는 어려서부터 보라색을 참 좋아했다

어머니가 심어놓은 텃밭머리에는 봄이 되면 언제나 눈이 부시도록 보라색 빛을 띠우는 도라지꽃이 피어나고 있었다. 흰 도라지 꽃 사이로 피어난 보라색 꽃이 얼마나 예쁜지 어린마음도 설레게 만들고 있었다.

장에 간 어머니를 기다리며 우는 동생을 돌보다 지친 마음도 도라지꽃은 언제나 아름다운 빛으로 미소를 전하며 바라봐주고 있었다.

해마다 봄이 되면 아름다운 도라지꽃은 언제나 산들바람을 일으키며 겨우내 땅속에서 이겨낸 인내력을 보이며 나에게 희망과 용기를 실어다 주었다.

나의 꿈도 언젠가는 저 도라지 꽃처럼 아름답게 피워가리라 그 누구에게라도 들킬세라 남모르게 보랏빛 꽃잎 속에 숨겨놓았다.

육십년 대 산골마을도 초등학교 1학년이 끝나고 새 학년을 맞이한 어느 봄날이었다. 그날도 여느 때와 같이 동생을 잘 보살피라고 하시던 어머니는 장에 다녀오셨다.

 보라색을 좋아하는 나의 마음을 어떻게 아셨는지 꿈속에서 잠꼬대라도 했던 것일까! 어머니는 이제 그 저고리를 벗고 보라색 스웨터를 내놓으며 어서 입어보라고 하셨다.

 그 날의 그 기쁨은 지금도 잊을 수가 없다.

 해마다 어머니는 알록달록한 천으로 우리에게 집에서 손바느질로 옷을 만들어 입히셨던 것이다. 예쁜 단추도 나란히 다섯 개나 달려있던 보라색 스웨터를 입고 대문 밖으로 뛰어나가니 도라지꽃도 춤을 추며 반겨주고 있었다. 그 후부터 어머니는 저고리를 만들지 않으셨다.

 내가 자라면서 그 보라색 스웨터는 작아져 가고 있었다.

 어머니는 다시 사줄 테니 동생에게 물려주라고 하셨지만 나는 내어주지 않고 소매 끝이 다 헤질 때까지 학교에 입고 다녔다.

 그때부터 나는 보라색을 너무나도 좋아하게 되었다. 좋아하는 마음을 누구에게도 양보하지 않고 간직하며 몸도 마음도 키우며 성장했다.

 세월은 말없이 많이도 흘렀다.

 꿈을 실어다준 도라지꽃을 이제는 가까이에서 볼 수는 없지만 그래도 가끔씩 옛 추억을 꺼내어 보랏빛 도라지꽃을 생각하면 소리 없는 미소 속에 힘이 담긴다.

 이제 몇 달 있으면 귀여운 재롱둥이들의 재롱잔치가 열릴 것이다.

 손녀가 제일 좋아하는 핑크빛 꽃을 찾아 나서면 내가 좋아하는 보랏빛 꽃도 저만치에서 양보하는 눈빛을 보내 줄 것이다.

좋아하는 핑크빛 꽃을 보고 좋아할 귀여운 아이들을 떠올리면 행복한 순간들이다. 행복은 이렇게 작은 곳에서부터 만들어지고 있다는 것을 느끼며 시원한 바람이 불어오면 라벤더 화분 하나 들여와야겠다.

귀여운 엄지가 한마디 전해줄 이야기를 상상하면서….

만남

인생을 살아가면서 스치는 인연도
깊은 인연도 맺게 된다

그 인연을 통해 기쁨과 슬픔을
맛보며 우리는 살아간다

또 다른 길목에서 어떤 인연
새로운 인연 마주하게 될까

따뜻하게 열려있는 향기로운
마음으로 심전에 꽃씨 심는다

꽃잎 피어오르니 새로운 인연
새로운 발길 다가오고 있어요.

후지필름

어느 날, 서랍 정리를 하다 눈에서 잊혀가고 있는 후지필름 한 통이 두 눈에 들어온다.

소리 없는 미소가 한 추억 속으로 달려가고 있다.

젊은 시절 조그마한 가게를 운영하며 지낼 때, 지금은 볼 수 없는 후지필름이 유행하던 시절이 있었다.

어느 날 가게에 한 중년 아저씨 한 분이 들어서며 "지금도 장사하고 있군요!"라면서 자신을 책임져야 한다는 말을 서슴없이 하는 것이었다.

잘못 찾아와서 하는 말은 아닐까 "무슨 말씀인가요?"라며 사연을 모르겠다는 나의 눈빛을 바라본 아저씨는 당연히 알 수가 없겠죠. 그러고는 3년 전쯤 있었던 이야기를 들려주기 시작하였다.

그때만 해도 가게 주변에는 개발로 인하여 새로운 집들이 많이 지어지기 시작했다.

건설현장 소장 일을 맡고 있던 아저씨는 현장 모습 사진을 남겨야 한다고 필름을 여러 번 사갔다 한다. 카메라를 들고 와서 필름을 넣은 후, 확인하기 위해 한 번씩 누르고 가는 사람들이 대부분이었다. 그 아저씨 역시 그랬던 것이다.

나의 모습이 찍힌 줄도 모르고 있던 아저씨는 아내와 현상한 사진들을 보고 있었다 한다. 아내는 어느 낯선 여인 사진을 보는 순간 깜짝 놀라는 것은 당연한 일이었을 것이다.

아저씨는 그 후 오늘날까지 힘든 가장이 되어 이혼 위기까지 이르게 되었다는 사연이었다.

이혼이라니요? 아저씨가 해결 못하면 내가 해결해 줄 터이니, 아내 분을 모셔 오라고 했다. 집이 서울이라 하며 요즘은 간신히 이혼 위기는 해결 되어가는 중이라는 말에 어이없는 미소가 가게 안을 휘감는 순간이었다.

사연을 들어보니 그럴 수도 있겠구나! 하는 생각이 들었다.

필름을 사는 손님마다 카메라에 필름을 넣은 후 확인하기 위해 그 자리에서 한 번쯤 찍어보는 분들이 대부분이었다.

그 후부터 필름을 넣은 후, 카메라를 들고 테스트하려는 모습을 보면 순간 "잠깐만요!"라는 말을 하면 모두가 놀라는 표정을 보인다.

필름을 파는 순서로 자연스럽게 나오는 말이 되었다.

우리는 살아가면서 예기치 않은 오해가 발생하여 위험한 상황으로 이어지는 사연들을 주변에서 가끔씩 들을 수 있다.

그분 또한 위험한 상황을 잘 넘겨가는 중이라 하니 다행한 일이었다. 또한 바쁜 일상을 살아가다가 지나친 친절이 오해로 발생하는 경우가 일어나기도 한다.

5년 전 몹시도 추운 겨울의 어느 날, 나는 서울 강남병원에서 암 수술을 받은 후 정기 검진을 받으러 아들과 일찍이 출발하였다. 천안쯤 지날 무렵 서울에서 살고 있는 고향 친구의 전화가 울린다. 며칠 전 병원에 간다는 소식을 기억하고 있었다.

병원에 몇 시쯤 도착하느냐는 질문이었다.

날씨도 추우니 오지 말라는 나의 말도 저버리고, 모자 공장을 하는 친구가 다른 친구들 모두에게 장갑과 목도리 모자를 선물했다며, 내 몫도 챙겨놓았는데 전해줘야 한다는 말로 이어갔다.

진료를 마치고 나와 보니, 이미 친구는 대기실에 와 있었다.

추위에 김포에서 강남병원까지 찾아온 친구와 반가운 인사를 나누고 아들과 셋이서 식사를 나누고 대전으로 내려왔다.

몇 달이 지나서야 또 다른 고향 친구가 안개꽃을 한 아름 안고, 병원에 왔던 것을 알게 되었다. 고향 이웃 친구끼리 다정했던 두 친구는 오래전부터 예기치 않은 오해로 인하여 사이가 벌어져 있는 줄은 알고 있었지만, 내가 알고 있는 것보다 더 오해의 깊이를 알게 되었던 것은 우리 아들 결혼식 날이었다.

　무슨 일이 있어도 꼭 온다고 다짐을 했던 친구를 위해 나는 밤새 쓴 편지와 10만원을 봉투에 담아 분주한 결혼식 날 가방에 넣고 다녔다. 그러나 친구는 오지 않았다.

　결혼식장에서 자연스럽게 마주하면 예전처럼 좋은 관계가 될 줄 알았던 내 생각과는 전혀 달랐던 것을 뒤늦게 알게 되었다.

　후지필름을 사갔던 아저씨처럼 오해가 잘 풀려 예전처럼 사이좋은 친구로 만나길 기원해 본다.

유성 장날

삼월의 봄바람이 산들거린다.

유성 장날이니 오랜만에 장구경이나 할 겸, 따스한 햇살 받으며 유성장으로 향했다. 시장 구경은 언제 보아도 정겹고 옛 생각을 불러오게 만든다. 장에 가셨던 어머니를 기다리다가 지쳐 울고 있는 동생을 업고 돌보던 일들…. 오늘은 무엇을 사 오시려나, 기다리던 옛 생각을 가슴에 품고 복잡한 거리를 걷고 있었다.

겨울을 이겨내고 봄 햇살 받으며 시장에 나온 풍성한 채소들이 줄을 잇고 있었다. 시골에서 자란 나는 풍성한 채소만 보아도 시장에 나오기까지 가꾼 손길이 떠오른다. 봄나물 중, 양지바른 곳에 일찍 솟아오른 하루나와 쪽파 한 줌을 넣고 버무려 밥상에 올리시던 어머니의 모습도 자연스레 떠오르게 만들었다.

복잡한 거리를 한참 걷다보니 사십 대쯤 되어 보이는 한 아저씨가 다듬지도 않은 하루나를 무더기로 쌓아놓고 팔고 있는 모습이 두 눈에 들어온다. 옛 추억을 떨칠 수 없는 나는 하루나 앞으로 다가갔다. 어찌나 길게 자라났는지 "많이도 자랐네요!"라고 자신도 모르게 말을 내뱉었다.

아저씨는 다리가 후덜거린다면서 아내가 갑자기 서울 병원에 입원을 하게 되어 이런 상황이 되었다는 말을 하면서 봉지가 넘치도록 담기만하고 있었다. 그 부부는 봄이 되면 시장에 내다 팔려고 겨울 내내 얼마나 정성들여 가꾸었을까 생각하는 나에게 아저씨는 가정사 이야기를 계속하고 있었다. 그러셨군요. 힘내시고 아내 분 하루속히 완쾌되시길 바래요.

돌아오는 발길이 왜 그리도 무거웠던지 집으로 돌아오는 내내 지난 일들이 가슴속으로 파고 들어왔다. 30년 전 남편과 함께 가게를 운영하며 지내던 젊은 시절이었다. 나는 갑자기 암이라는 병마로 입원과 퇴원을 반복하며, 투병 생활을 하게 되었다. 그때 남편도 오늘 시장에서 하루나를 팔던 그분처럼 그런 심정으로 어린 두 아이들과 하루하루 지냈을 거라는 생각이 머릿속에서 떠나지 않았다.

그때 남편은 그랬었다. 아무것도 하지 말고 옆에 앉아만 있어 달라고! 밥도 빨래도 가게도 모두 내가 하며 돌볼 테니! 그렇게 몇 년의 투병 생활은 그동안 새벽부터 바쁘게 살아온 나에게 정신적 커다란 충전의 마디가 되어갔다. 오늘 시장에서 하루나를 팔던 아저씨의 아내분도 그동안 분주하게 살아온 무거운 삶을 잠시 벗어던지고 새로운 생활의 충전이 되기를 바래본다.

　살다보면, 누구나 예기치 않은 고뇌가 찾아들어 평온한 생활을 뒤흔들어 놓을 때도 있지만, 괴로움이 가득한 진흙탕 속에서도 나는 승리의 문을 열기 위해 소중한 하루하루를 만들어 갔다. 자칫하면 통제하기 어려운 거미줄에 걸려 영원히 **빠져나오지** 못할 어려움에 처할 수도 있기 때문이다. 주어진 삶 속에서 직면하는 다양한 도전과 어려움에 흔들리지 않고, 용기와 인내로 적극적으로 매진해 갔을 때야말로 새로운 행복을 그려낼 수 있었다.

　새로운 마음은 새로운 나를 만들고 있었다. 그 마음의 문은 나만이 열 수 있기 때문이다. 유성 시장에서 사 온 하루나로 겉절이를 해보았지만, 예전 어머니와 같은 맛을 낼 수는 없었다. 하지만 오랜만에 유성 장에 나갔다가 하루나를 팔면서 아내 걱정을 하던 아저씨를 보면서 예전 남편이 겪었을 괴로움도 늦게나마 알아낼 수 있는 값진 하루였다. 그동안 얼마만큼 그 고마움을 느끼며 살아왔을까 라고 반성해 보면서 평범하지만 따뜻한 위로와 배려하는 마음으로 무엇이든 솔직하게 대화하는 신뢰감도 간직되는 순간이었다.

　삼월의 봄 햇살을 받으며 겨울을 참고 견딘 길가의 노란 민들레 꽃망울들도 시장의 상인들 마음처럼 분주하게 앞 다투어 피어오르고 있었다. 유성장에서 하루나를 팔던 아저씨 아내분도 하루빨리 회복하여 옛 이야기하면서 지낼 수 있는 한 가정의 태양이 되길 바래본다.

내안에 너

온갖 초목에 차별 없이
쏟아지는 단비처럼
언제나 너는 나를
도닥여주고 있었지.

그럴 때마다 가슴속에
네가 있음을 알았고
확고한 너의 혼이 발하는
강렬한 광채 속에
언제나 꿈과 희망을
불사르고 있었지.

나는 너를 무엇과도
바꿀 수 없는 소중한 존재
말없이 펼쳐지는 향연 속에
마음의 밭에 아름다운
씨앗 심어 주었지.

진흙탕 속에서 아름다운
연꽃이 피어오르듯
찬란한 희망의 문이 활짝 열릴 때
기적이란 이름을 달고
나를 찾아주었지.

노란 우산걸이

　새벽부터 비가 내려 우산을 챙긴다.
　코로나로 활동이 묶인 시간을 벗어나 지난봄부터 중단했던 수영장을 가기 위해 오전 9시 30분이 되면 어김없이 집을 나선다. 목원대 앞에 있는 종점에서 706번 버스를 타고, 10분쯤 가다보면 유성에 있는 수영장 근처에서 하차한다.
　지난 여름 많은 비가 내리던 어느 날이었다.
　우산을 접어들고 버스에 올라 자리를 잡고 앉았다. 버스가 출발하면서 앞사람이 세워둔 우산이 넘어지면서 서 있던 청년이 우산에 걸려 넘어져 모두가 놀라운 마음에 버스 안의 공기가 술렁이고 있었다.
　다행히 다친 곳은 없는 듯 보였지만, 청년은 겸연쩍은 모습으로 옷을 툭툭 털며 일어났다.

그 후 비가 내리는 날 버스를 탈 때마다 마음속으로 버스에 우산 걸이가 있으면 어떨까 라는 생각을 갖게 되었다. 그리고 며칠이 지났다.

다른 날과 같이 706번 버스에 올랐다. 그런데 "어머나 이게 뭔 일일까?" 누군가와 대화 나누듯 나도 모르게 나오는 말이었다. 내 눈이 부시도록 들어오는 노란 황금빛 우산 걸이가 반짝이며, 나를 보고 웃고 있었다.

며칠 전, 내 마음을 읽기라도 한 듯 자리마다 우산 걸이가 부착되어 있었다. 순간 내 마음속에 환한 미소가 넘쳐흐르고 누군가가 그 모습을 보았다면 이상한 사람으로 생각했을지도 모른다.

어느 날 신호등을 기다리고 서 있는데, 전봇대 옆에 노란 노약자의 의자가 접혀 있는 것이 눈에 들어왔다. 신기하여 한참을 보고 있노라니, 파란 신호불이 윙크하며 발길을 서두르라 전해 주고 있었다. 그리고 며칠이 지났을까, 우연히 아침마당 방송을 보고 있는데 한 경찰관이 출연해 그 의자의 특허를 내게 된 아이디어 사연이 공개되고 있었다.

나는 두 눈을 크게 뜨고 TV 앞으로 바짝 다가갔다.

한 어르신이 다음 신호를 기다리지 않고 서둘러 건너는 모습을 보고 다가가 질문을 하니, 다음 신호 때까지 기다리려면 서 있기가 너무 힘들어 급히 건넌다는 이야기를 듣고 어르신들이 쉬었다 편히 건널 수 있는 방법을 생각하다가 떠오른 아이디어라는 이야기를 전하였다.

일상생활 속은 물론이고, 주변을 살펴보다 보면 누군가의 빛나는 아이디어가 우리의 삶을 더욱 편리하도록 만들고 있다는 사실을 잠시 잊고 있었다.

시골에서 자란 유년 시절 60년대를 잠시 떠올려 본다. 얼마나 커다란 변화된 새로운 세상에서 살고 있는지, 얼마나 신기한 모습들이 눈앞에 펼쳐지고 있는지, 모두가 신비로움과 감사한 일들뿐이다.

특히 최근에는 유튜브 등에 올라오는, 프랑스, 미국, 영국 등 선진국들의 해외 여행객들이 한국에 와서 각국에 없는 높은 문화수준과 각지의 친환경 공원, 어느 나라도 따라올 수 없을 정도라는 안전하고 편리한 지하철 소개, 생활 속의 놀라운 질서 문화 등이 소개되는 것을 보고 있노라면 가슴이 벅차오른다.

나는 오늘도 노란 우산걸이와 눈을 마주하며 미소 나누었듯이, 내일도 또한 706번 버스에 오를 것이다. 누군가의 아름다운 마음이 새겨진 노란 황금빛 우산걸이를 바라보며, 미래의 나의 꿈을 떠올려 본다.

706번 버스 파이팅입니다.

고마움 안고

가끔은 가던 길 멈추고 자신을 둘러싼 세상을 바라본다.
 몇 년 전 암 수술을 받고 정기검진을 받기위해 강남에 있는 병원으로 가고 있었다.
 강남터미널에서 지하철 3호선을 타기위해 발걸음을 분주하게 옮기고 있었다. 그런데 지하철을 타러 가던 발길이 잠시 멈추고 말았다.
 지난 11월 검진일로 병원을 가던 이 시간 쯤 이 자리에서 한 고마운 분이 떠오르고 있었기 때문이었다. 오백 원이 아닌 커다란 도움을 건네받고 바쁘게 돌아서던 그분의 뒷모습을 바라보며 열 배 이상의 고마움을 안고 나는 병원으로 향했었다.
 진료를 마치고 돌아오는 고속버스 차창을 바라보며 오늘날까지 살아오면서 누군가에게 얼마나 도움을 전하며 살아 왔는가, 깊은 생각에 이르니 어느새 대전을 알리는 안내방송이 흘러나오고 있었다.

 작년 11월 일 년에 한 번씩 가던 길도 많은 인파 속에 파묻혀 머뭇거리며 강남터미널에 도착하였다. 3호선 지하철을 타기위해 발걸음이 분주해지고 예약시간은 다가오고 마음은 바빠지고 있었다. 오가는 사람들은 얼마나 분주하게 움직이는지 따라갈 수가 없었다.
 지하철 홈에서 카드를 대니 지방에서만 쓸 수 있는 카드뿐이었다. 예약시간은 다가오고 어찌해야 할까! 저만치에서 같은 연배쯤 인자해 보이는 한분이 기계에서 무언가을 빼고 있었다.
 나는 가까이 다가가서 처음 보는 분 앞에서 나의 상황을 이야기하니 나을 바라본 그분은 신분증을 내놓으라고 하였다. 신분증을 보이니 이번에는 오백 원 동전을 내 놓으라 하였다.
 나의 가방에는 동전이 하나도 없었다. 그러면 천 원짜리라도 아니면 만 원짜리라도 내놓으라는데 그것도 없었으니 가방 속에는 오만 원 몇 장만이 전부였다. 그분은 얼마나 딱해보였는지 자기의 가방에서 오백 원을 꺼내어 기계에 넣으니 카드 한 장이 나왔다 그리고는 카드를 나에게 건네주면서 도착지에 가면 이러한 기계가 있을 테니 다시 넣으면 오백 원이 반환 된다는 자세한 설명까지 전해주었다.

 옷깃만 스쳐도 인연인데 나는 너무나도 고마워 음료수라도 사드리고 싶었다. 하지만 그분은 손사래를 저으며 1호선 방향으로 향하고 있었다.

다음에 어려운 사람을 만나게 되면 그 사람에게 도움을 주는 것이 나에게 갚는 일이 된다는 말을 남기고 반대 방향으로 총총히 사라져 갔다.
 그분은 그날 나와의 있었던 일을 기억하고 있을까
 고마운 마음이라도 전하기 위해 전화번호라도 묻지 못한 것이 아쉬움으로 밀려왔다. 나는 그분과 있었던 이야기를 가족에게 전하며 고마움을 간직하며 살아왔다. 그분이 그 자리에 있을 리 없건만 그때 그 자리에서 나는 한참이나 서성이고 있던 것이었다.
 함께 동행한 딸이 거기서 무얼 생각하고 있냐는 듯 시계를 바라보며 재촉하고 있었다. 일 년 전 사연을 들은 딸이 이번에는 같이 가자고 나서준 것이다.

 사람이 긴 여정을 걷다보면 도움을 줄 때도 있지만 어떤 일이든 도움을 받으며 우리는 살아간다. 도움을 주는 기쁨은 도움을 받는 기쁨보다 몇 배로 더 크다는 것을 느끼며 살아가고 있었는데 오래전 내가 살던 서울 하늘아래에서 도움을 주신 그분의 고마움을 잊지 않고 새삼 새겨지는 순간이었다.
 내년에도 병원을 찾아갈 때 나는 또 그 곳에서 그 분을 생각하며 잠시 서성이고 있을지도 모른다. 앞으로 살아가면서 고마운 분들의 마음을 잊혀 지지 않기를 바라는 마음으로 지낸 오늘도 하루해는 서산 넘어 기울고 어둠은 또 찾아든다.

횡단보도의 인연

11월의 날씨는 싸늘함으로 옷깃을 여미게 만들고 있었다.

어느 날 오후 외출했다가 집으로 들어오던 발걸음은 빨간 신호에 멈추고 말았다. 함께 신호에 걸려 옆에 서 있던 한 여인이 다가오며 말을 건네온다.

"이 동네에 살고 있나요?"

연배가 비슷하여 편안한 마음으로 다가왔는지도 모른다.

너무 심심하여 운동 삼아 동네 한 바퀴 돌고 있다는 이야기를 전해주고 있었다.

처음 만났는데도 어제도 만난 사람처럼 상냥한 목소리로 다정다감한 말을 재미있게 하면서 걷고 있었다. 그런데 운동 삼아 나의 집 앞까지 바래다준다는 것이었다. 고마움이 밀려오던 순간 그 분의 어깨 너머로 보이는 가로등 불빛 사이로 저만치서 찻집 불빛이 어서 오라는 눈짓을 외면할 수가 없었다.

찻집으로 안내하는 발길은 오래된 친구 사이처럼 어색함 하나 없이 자연스러웠다. 불빛에 비친 두 찻잔 속에는 처음 만난 인연을 알고 있는 듯, 김이 유난히도 모락모락 피어오르고 있었다.

그분은 초등학교에서 34년의 교편생활 후, 정년퇴임한 지 3년이 되었다고 전해주며 남편은 교원대에서 아직 근무 중이라는 이야기를 재미있게 들려주고 있었다. 학교에서 아이들을 가리키며 보람 있던 일들 중, 잊을 수 없는 한 아이의 감동적인 이야기도 들려주었다.

참으로 보람 있는 일을 하며 지내온 이야기를 듣고 있노라니, 오래전 잠시 잊고 지낸 한 교장선생님 생각이 문득 떠올랐다. 35년 전, 우리 아이들이 초등학교 시절이었다.

남편 건강 문제로 서울에서 대전으로 이사를 하게 되었다. 이사 온 후 선생님과 오랫동안 편지도 주고받으며, 아이들에 대한 많은 것을 일깨워 주신 선생님이셨다. 어려운 환경 속에서 뜻이 깊은 학생들에게 꿈을 담아주시며 학생으로서 학교 성적도 중요하지만, 더욱 중요한 것은 인성 교육이라고 주장하시는 선생님이셨다.

대전까지 가정방문을 통해서 아이들 커가는 모습도 지켜봐 주시며, 좋은 말씀도 많이 전해주셨다.

그렇게 지내던 어느 날부터 나의 투병 생활과 싸워오다 보니, 잠시 잊고 지내오던 교장 선생님과의 추억을 떠오르게 만들어준 오늘의 인연에 고마움이 새겨지는 순간이었다.

동시대를 살아오면서 그와는 많이 다른 삶을 살아왔지만, 아름다운 긴 인연으로 맺어지길 깊어가는 가을빛 하늘을 바라보며 생각에 잠겨본다.

아이들을 키우며 여러 선생님들을 만나게 되었지만, 서울 선생님은 잊을 수 없는 추억들을 많이도 남겨 주셨다. 선생님과 긴 세월 동안, 아이들 커가는 모습도 전하며 편지도 주고받는 생활은 오래도록 잊을 수 없는 추억으로 간직되고 있다.

선생님은 꿈이 있고 생활이 어려운 학생들을 보면, 그냥 지나치는 일이 없으셨다. 학교 종료 시간이 되면 뜻이 있는 학생들을 모아 상담과 공부를 늦게까지 지도해주신다는 선생님의 가르침 속에 자란 제자들은 전국 각지에서 성공을 펼치며 살아간다는 소식을 들으시면서 지내신다는 선생님의 마음은 남다른 교육철학을 남기셨다.

우연히 오늘 만난 선생님도 많은 학생들과 아름다운 인연을 맺은 만큼, 제자들이 전국에서 꿈을 펼쳐 가리라 생각에 잠겨본다.

깊어가는 가을 하늘빛도 말해주고 있었다. 이렇게 곳곳에 교육철학이 남다른 선생님들이 계시기에 우리의 참된 교육발전은 아름다움으로 가득 넘치는 세상으로 되어 가고 있다고.

찻집 창밖에는 마지막까지 남은 은행잎들이 남다른 교육철학으로 제자를 육성해낸 분들께 훈장을 드리듯, 찬란하게 바람에 휘날리는 것이 마치 그 손에 자라난 훌륭한 제자들의 댄스로 보였다.

청양의 그 텃밭

수영장을 다니다 보니 새로운 친구가 생겼다. 나와는 달리 날씬한 몸매에 동갑내기라서 더욱 친밀감이 밀려 왔는지도 모른다. 물속에서 나누었던 대화로 삼남매를 훌륭한 교육자로 키워낸 것을 알게 되었다. 그런 어머니의 모습에서 존경스러움이 생기기도 했다.

친구는 고향 경상도에서 자라 이십대 초반에 청양 산골의 배우자를 만나 청양에서 시부모님 모시며 아이들을 키우면서 농사를 지어 왔다. 친구는 오래전 고향을 떠나와서일까. 사투리는 한 마디도 쓰지 않는다. 아이들의 교육에 맞춰 대전으로 나와 열심히 살아온 이야기를 들려주는 얼굴엔 언제나 아름다운 미소가 번진다.

지금은 오래전 시부모님 모두 돌아가시고 텃밭과 커다란 집만이 오가는 사람들의 발자국 소리만을 듣고 있었다. 친구는 젊던 옛 시절에 젖어 시골집에 일주일 한두 번 오가며 어려움도 잊은 채 텃밭에 몇 가지 농사를 짓고 있었다.

지난봄에는 청양에 한번 함께 가자는 제안으로 몇 동료들과 나서게 되었다. 말로만 듣던 것과는 달리 차 창밖을 내다보니 산골 숲은 너무나도 아슬아슬하여 가슴을 조여들게 만들었다.

친구의 핸들은 산모퉁이도 익숙한 길이 되어 힘차게 달리고 있었다. 그렇게 친구가 살던 집에 도착하니 깔끔하게 정돈된 집과 마당 옆 텃밭에는 고추, 감자, 상추와 부추, 여러 채소들은 친구의 휘저은 호밋자루에 부딪친 흔적에 예쁘게 자라고 있었다.

나는 그 텃밭을 말없이 한참이나 바라보고 있었다. 그것은 내가 자랄 때 바라본 고향 텃밭과 똑같아 보였기 때문이었다. 내 나이 열 살쯤 되었을까! 어머니의 일손을 돕기 위해 소쿠리를 하나 들고 텃밭으로 갔다. 상추를 한 잎 두 잎 한 소쿠리 따 갈 무렵, 꼬마야 하늘보고 눈 흘기며 먹는 것 따고 있니? 어디선가 들려오는 소리 분명했다. 시골 마을에서 공부를 제일 잘한다고 소문난 옆집 오빠가 창문열고 두 손으로 턱을 고인 손등 위엔 하얀 볼펜이 나를 보고 미소 짓고 있었다.

친구의 텃밭에 상추를 바라보니 잠시 옛 생각이 찾아들어 서성이고 있었다. 그곳에서 사오십 분만 더 가면 나의 고향마을 생각이 밀려오고 있었기 때문이었다. 친구는 어른들이 떠나신 후에도 그곳을 깔끔히 손질하고 가꾸며 지내는 모습이 얼마나 대단한 생활력인지 한 눈으로도 느껴지는 순간이었다.

그 손길은 얼마나 부지런한지 지난 장마철에도 부추와 상추를 한 아름 따다가 전해주고 있었다. 그 텃밭에 씨를 뿌리고 풀을 매고 가꾸어 키운 채소들을 따다가 맛있는 한 상을 차려놓고 부르기도 하였다. 그 정성과 손맛은 오래도록 기억에 남을 일이었다. 이 더위가 물러가고 나면 그 정성 보답으로 따뜻한 마음의 방 만들어놓고 고마움 담아 나도 한번 맛있는 밥상을 준비해봐야겠다.

수영을 열심히 하며 지내는 생활도 중요하지만 친구와 정신건강을 쌓아가니 요즘은 더욱 건강한 나날이 만들어지고 있는 듯하다. 찬구란 서로의 주고받는 마음의 온도 차이가 같을 때, 이 보다 더 아름다운 친구가 어디 또 있을까!

마음속에 아름다운 구슬 장식 하나 만들어지고 있었.

싱그러운 마음으로 아름다운 대화 속에 소박한 감동을 주고받으며 오래도록 벗으로 남고 싶은 마음이다.

생명에는 저마다 개성이 있기 마련이다.

아름다운 자신의 삶을 살아가며 한없는 생명의 충실감이 샘솟고 있었다. 평범해 보이지만 막힘없이 흐르는 강처럼 하루하루 새로운 마음 그 속에 진실 가득 찬 연대감이 생겨난다고 믿으며 오늘도 나는 수영장으로 향한다.

만남과 만남이라는 그 속에 아름다운 추억 만들며 행복한 인생을 위해서 마음에 근육을 키워본다.

또 한 페이지

인생 큰 소리 치며 태어난 행로는
지금쯤 어느 페이지에 서 있을까.
그 어떤 눈바람도 최고봉을 향해
온힘을 다한다.

가슴을 조이는 혼란스러운 복잡함도
필사의 무한한 활력은 자신의 새로운
역사의 원천이 되어간다.

미래의 무지개 빛 하늘 바라보며
후회 없는 인생 만들어가자 자신에게
약속하며 꽃향기 향기롭게 피어나도록
희망의 바람을 안고 생존 경쟁 속에
발걸음 재촉한다.

황혼 노을 기로에서 저녁노을 바라보며
무슨 씨앗 뿌려놓고 무슨 열매 거둘
준비하고 있는가
붉은 석양 아래 한 페이지 새겨져 갑니다.

향기로운 우정

창가를 뚫고 들어오는 봄 햇살이 완연한 봄을 알리고 있었다.
봄 햇살은 겨우내 움츠리고 지내던 마음을 털고 밖으로 나오라고 눈짓을 한다. 따스한 햇살 따라, 집 근처 학교 운동장으로 발길을 옮기니 바람에 실려 오는 꽃향기가 소리 없이 반긴다.

자연은 언제나 계절의 길목마다 멋진 선물을 준비하고 아낌없이 전해주는 듯하다. 많은 사람들이 나와 공차기도 하고 걷기도 하는 사람들 사이로 한참을 걷다가 멈추고, 자신을 둘러싼 세상을 바라보며 벤치에 앉아 햇살을 받고 있었다.
햇살은 지난겨울의 무거웠던 마음을 잊게 해주고 새로운 마음을 담아주고 있었다.

그 분과 함께 이 따사로운 햇살을 함께 받고 있다면 얼마나 좋을까!

  30년 전 서울에서 내려와 대전에 정착하면서 오늘날까지 함께 지내온 벗이 떠올랐다. 벗이라고 하기엔 자신보다 7년의 연배이기에 한참이나 언니인데 그 분은 꼭 친구라 생각해주며 지내왔다. 낯선 곳에서 이웃사촌으로 만나 서로가 마음이 잘 통하다 보니, 긴 세월 동안 함께 지내올 수 있었다. 나이가 같아야만 친구가 아니었다.
  친구는 긴 세월 함께 하는 속에 나의 기쁨도 슬픔도 보듬어주며, 슬퍼 울고 있는 벗이 있으면 함께 눈물지으며 감싸 안는 자비의 마음으로 항상 주변 사람들의 마음속 깊숙이 파고들어 편안하고 내면에 너그러움이 넘치는 분이었다. 언제나 마음이 놓이게 하는 다정함 속에 길을 가다가도 문득 생각만 해도 발걸음을 멈추게 만드는 분이기에 항상 마음속에 자리하고 있다.

  그런데 그분은 한 달 전부터 병원 신세를 져야하는 몸이 되고 말았다.
  겨울의 끝자락에 눈이 내린 어느 날 길을 걷다가 미끄러져 그만 엉덩방아를 찧고 말았다. 검사결과 허리뼈가 골절되어 수술을 받아야 하는 상황이 되었다.
  매일 활동하는 것을 좋아하며 지내던 생활이 눈 깜짝할 사이에 닥친 현실의 답답함을 호소하는 전화 속의 목소리가 다행히 힘이 담겨있어 안심이 되었다.

이제 나이 70대가 되었으니, 매사에 조심하고 또 조심해야 할 나이가 되었다. 그래도 그만하길 다행이라 말하며 지나온 세월의 흔적들을 이야기 나누며 지내고 있는 요즘이다. 나와는 다르게 부유한 가정에서 공부하며 자라온 그분의 성품은 누가 보아도 친근감이 넘친다. 오늘날까지 수많은 사람과 스치고 만나왔지만, 어떠한 때라도 속마음을 열고 이야기 할 수 있는 사람은 찾기 쉽지 않았다. 그런 속에 그분은 언제나 마음이 놓이게 하는 다정함 속에 포용력과 안전감을 주는 마음을 지니고 있기 때문이다.

그분은 가정 형편상 공부를 하지 못한 사람 앞에서는 공부에 대한 언급의 대화는 절대로 하지 않는다. 두 아들을 서울 강남에서 일타 강사로 활약하고 있어도, 자랑 한 마디 내세우지도 않는다.

인생 살면서 속마음 터놓고 대화하며 지낼 수 있는 사람이 한 명만 있어도 성공한 삶이라 하듯이 70대가 되어보니 그 어느 재산보다 더 값진 재산임을 느끼며 지내는 요즘의 일상이 되어 있다.

아름다운 벗과 나누는 유쾌한 대화는 시간도 거리도 나이도 뛰어넘는 힘이 숨어 있었다.

약속 시간 몇 분 전에 약속을 취소해도 이해하며, 웃으면서 항상 편안함을 안겨주는 사람이 되어주고 있다. 그 속에는 생명과 생명 공감의 마음이 항상 움직이고 있기 때문이다. 소박한 감동을 주고받으며 미묘한 마음의 움직임까지 통찰하며 서로의 마음을 소중히 하며 지내는 나날 속에 우정의 깊이는 날로 깊어만 가고 있다.

 하루빨리 재활치료로 훌훌 털고, 싱그러운 봄바람 햇살이 반기는 밖으로 나오길 두 손 모아 기원해 본다. 그윽한 향기를 풍기며 봄을 알리는 매화처럼 아름다운 우정의 대화를 꽃피우는 벗이 곁에 있다는 것은 더없는 행복이다. 언제나 친구와 마주하며 나누는 대화 속에는 보이지 않는 향기로움이 피어나고 있기 때문이다.
 서로 함께 우정을 키우며 평생 주위에 향기를 나누길 희망하면서.

2부

전하지 못한 편지

아이들 천국

올해는 다른 해보다 더위가 길다는 보도가 연일 나온다.

일찍부터 무더위가 기승을 부리는 6월의 초승 날씨는 30도를 넘어서니, 칠팔월의 날씨에 버금가고 있다. 이렇듯 더운 날씨가 연속이다 보니 아들네가 아이들하고 2박 3일 가족 여행을 함께 동행 하자는 연락이 왔다.

유치원에 다니는 두 손녀는 신이 나서 차 안에서부터 춤을 추며, 노래도 부르는 아이들의 노래 장단에 맞춰 출발하였다.

금요일 오후 대전에서 4시간을 달려 홍천의 한 워터파크에 도착하였다. 빨리 찾아온 더위를 피하기 위해 많은 인파가 몰려있었다. 아이들 물놀이 시설이 이렇듯 다양할까 라는 생각에 이곳이 바로 아이들의 천국이었다.

음악 소리에 맞춰 흥겨움에 소리 지르며, 물놀이하는 아이들 사이로 젊은 아빠 엄마들의 마음과 몸짓이 분주하였다.

주어진 시간 속에 하나라도 더 내 아이에게 즐거움을 안겨주려는 젊은 부모들의 빛나는 눈빛을 가까이에서 볼 수 있었다. 생기발랄한 우리 두 손녀들도 그 인파 속에 묻혀 한동안 찾아 다니기도 하였다.

일기예보는 거짓이 없었다. 아침부터 비가 내리는데도 아이들은 더욱 신이 나서 큰소리를 내며 흥겨워했다. 날씨 탓인지 어른들은 온탕 안으로 몰려들고 있었다.

비가 내리는 온탕에 앉아 미래의 이 나라를 짊어지고 나갈 꿈나무들이 노는 모습을 바라보는 그 즐거움을 어디에 비할까. 부모는 아이에게 가장 가까운 선배라고도 할 수 있는 동시에, 아이의 생애에 걸친 모든 것을 결정하는 교사이기도 하다.

저 꿈나무들이 건강하게 자라나 인생의 엄숙한 삶의 자세를 이어받으며, 오늘의 추억을 가슴깊이 새겨지는 순간들이 만들어지고 있었다.

태양의 운행은 불변이기 때문에 만물을 성장시킨다.

부모도 태양과 같은 마음으로 아이들의 커가는 과장에서 생명에 내재하는 가능성을 얼마만큼이나 발견하고 성장시키는가가 중요할 것이다.

괴테는 82년이라는 오랜 생애에 걸쳐 많은 대작을 남기기까지 그 풍부한 연원은 사실 어린 시절에 어머니와 나눈 따뜻하고도 훈훈한 마음의 교류였다고 전해진다.

괴테 자신의 재능도 있었겠지만, 어머니의 역할이 얼마나 커다란 것인지 새삼 떠오른 것은 많은 아이들을 바라보는 마음에서 일어나고 있었다.

저 아이들 모두가 타고난 가능성을 믿고 그것을 어떻게 성장시키는가, 그것은 부모의 지혜가 모아졌을 때만이 가능한 일일 것이다. 무슨 일이 있어도 자신을 믿어주고, 애정을 쏟아주는 부모의 존재만큼 아이에게 고마운 존재는 없을 것이다.

이 우주 속에서 한 사람의 인간 생명만큼 한없고 신비함으로 가득 찬 존재도 없을 것이다. 천진난만하게 물놀이에 흠뻑 빠져 천국을 누리는 저 아이들 속에는 표현력이 뛰어난 소년도 있을 것이다. 그리고 자연미에 대한 날카로운 감수성을 가진 소녀도 있으리라.

사람의 마음속 깊이 파고들어 미묘한 진리의 모습을 간파하는 재능을 가진 아이도 있을 것이며 또 천성적으로 상상력이 풍부해 아이디어 창조에 열정을 쏟는 어린 생명도 적지 않을 것이다. 거기에는 분명 귀여운 재롱둥이 우리 두 손녀 김은 엄지도 속해있을 것이다,

모든 가능성이 가득한 아이들 생명의 경향성을 진솔하게 있는 그대로 인식할 수 있을 것은 틀림없을 것이다.

돌아오는 차 속에서 잠든 두 아이의 얼굴에는 할머니의 마음을 알고 있는 듯 꿈나라 미소가 번지고 있었다.

어머니와 육남매

　어릴 적 내가 자라던 그곳 충남 광천은 5일마다 찾아오는 시골 장날이 있었다.

　장날이 되면 어머니는 조부님 점심상을 차려놓고, 길 삼 농사지어 직접 만든 삼베로 만든 보자기로 덮어 놓으시고, 4Km 거리를 걸어서 장을 보러 가신다.

　오후 어머님이 오실 시간이 되어 가면 동생의 손을 잡고 어머니 오시는 길 따라 장 마중을 나갔다. 장 고개 마당쯤 이르면 먼저 와있는 친구들이 자라를 잡고 장에 간 어머니들을 기다리고 있었다.

　지금은 모두 개발로 인하여 흔적조차 찾아볼 수 없이 변해버렸지만 눈 감으면 아련히 떠오르는 잊을 수 없는 추억이 많은 곳이다.

어머니가 친구 어머니보다 먼저 오시길 기다리며, 친구와 누구의 어머니가 먼저 오실까 라고 내기 놀이도 하였다. 내기래야 예쁜 공기 돌멩이 주어다 노는 일이었다.

공기놀이 하면서 오래도록 기다리다보면 시간가는 줄도 모른다.

어머니가 저만치에서 장을 보신 물건을 머리에 이고, 이마에 흐르는 땀방울을 손등으로 닦으시며 걸어오신다. 나는 얼른 달려가서 머리에 이고 오시던 장바구니를 받아들고, 집으로 돌아오는 발걸음은 이루 말할 수 없는 즐거움으로 가득 찼다.

고무신을 사 오신다고 약속한 장날이면, 더 일찍 나가서 기다리다가 동생이 지쳐 울고 있는 모습을 보시면 혼이 나는 날도 있었다. 서둘러 집에 들어오신 어머니는 할아버지 저녁준비 늦을세라 서둘러 아궁이에 불을 지피셨다.

장날이면 아홉 식구 저녁상은 할아버지 앞에 생선조림은 물론 달라진 저녁 밥상이 준비되어 오른다.

어머니는 참 부지런한 분이셨다.

어려운 생활 속에 몸이 불편하신 할아버지가 입으실 한복을 손수 만드셨다. 저고리 동정을 달 때마다 인두로 다림질하기 위해 화로에 장작불을 피우셨다.

할아버지와 함께한 40년 세월 속에 어머니의 삶은 고비마다 지혜로움으로 이겨내시는 그 속에는 밝은 봄날을 약속해 주고 있었다.

저녁노을에 물든 하늘은 금성이 반짝이듯 꽃을 피워가는 어머님의 모습이셨다.

구순을 바라보는 어머님의 요즘 생활은 지팡이를 의존해야만 외출이 가능하신 모습이지만, 정신 하나만큼은 젊은이 못지않은 당당한 모습에 얼마나 감사한 일인지 모른다.

지난 연말에는 코로나 이후 3년 만에 육남매 모두 한자리에 모였다.

예전과 같이 어머니는 자연스럽게 진행자로 나서셨다. 그동안 어떻게 지내왔으며 그리고 갑진년에는 어떤 목표를 세우고 도전할 것인지 차례대로 한 마디씩 대화해가는 가족 좌담회로 만드셨다.

연말이 되면 어머니 중심으로 항상 해왔던 가족행사이기도 하였다.

모두가 밝은 표정으로 도전하는 모습들, 대학에 합격한 손자와 직장에 다니며 열심히 살아가는 아들 며느리에게도 어머니는 칭찬을 아끼지 않으셨다.

그리고 모두가 일 년 동안 목표 도전에 최선을 다하여 또다시 연말에 모여 웃으며 대화해 갈 수 있을 것을 약속하는 마무리로 끝을 맺으셨다. 때론 옛이야기에 젖어 그 시절 속으로 들어가 그때는 그랬었지 라고 하시는 주름진 어머님의 얼굴엔 환한 미소가 번져간다.

지난 세월 뒤돌아보면 바쁜 생활 핑계로 때로는 할아버지께 소홀했다는 이야기를 요즘 들어 자주 말씀하신다.

  딸만 넷을 낳으시고 아들 낳았다고 동네잔치 벌이셨던 두 남동생들이 어느새 50대 중반이 되었다. 어머님 또한 내가 과거세 무슨 복을 쌓아 이런 생활을 누리며 지내고 있는 걸까, 라는 말씀을 자주하시지만, 누구보다 어머님은 그동안 그럴만한 복운을 충분히 쌓으셨다고 전하는 육 남매들이다.

  진실한 행복의 꽃은 인내라는 대지에서 피어나듯이 육남매는 어머님이 보릿고개를 겪으면서 조부님과 어떤 삶을 살아오셨는지 생활로 보여주신 분이기 때문이다.

  오늘 같은 모습으로 육남매와 함께 오래오래 사시길 바라는 마음뿐이다.

  이 추운 겨울이 지나고 따스한 봄날이 찾아오면, 어머님의 손을 잡고 육 남매와 함께 꽃 나들이 갈 때 입을 예쁜 옷 쇼핑할 생각에 잠기니 겨울밤은 소리 없이 깊어만 가고 있었다.

  연못이 깊으면 연꽃이 더 크게 활짝 핀다는 사실을 어머니의 삶이 가르쳐 주고 있다는 생각에 잠기면서.

가을 어느 날

바람결에 마음 실어 그대에게 묻습니다.
저녁노을이 물든 하늘에 금성은 반짝이고
그대가 떠난 가을이 가고 또 가을을 맞이합니다.

폭 넓은 마음으로 강인한 모습으로
미래의 아름다운 꿈 그리며 세상의 차가운
바람도 당당히 맞서 지켜준다던 그 약속은
어찌 하나요

지는 석양 바라보며 불어오는 바람에게 물어도
머릿결 날리며 귓불만 스치고 갑니다.
어느 누가 시간의 흐름을 멈추게 하고
아름다운 순간들을 다시 한 번 의미하게
해줄 수 있을까요.

모든 것은 영원히 정지된 과거가 되었고
가슴에 안아야 할 추억만이 새겨집니다.
노랗게 물든 은행잎 밟으며 함께 거닐던
그 오솔길 은행잎 소복이 쌓여만 갑니다.

두 아이 어린 시절

해마다 고구마 캐는 가을이 되면 가슴 저편에 고구마의 추억이 떠오른다. 꽃 봉우리 피우려던 화단에서 고구마를 캐내려던 꼬마도 불길을 찾아 아궁이 속으로 들어갔던 아들 또한 현재는 사업가로 가장의 본분을 다하며 열심히 살아가고 있다.

그해 가을 딸이 다섯 살 쯤이었다.

우리 네 식구는 가을 휴일 어느 날 시부모님이 살고 계시는 예산으로 내려갔다 마침 온 식구가 모여 고구마를 캐는 날이었다. 언제나 부지런한 시동생은 우리가 밭에 도착하기 전 고구마 넝쿨을 모두 잘라 내었다. 어린 꼬마는 고구마 잎이 어떤 모습인지 알 수 없었으며, 아무 땅이나 파헤치면 고구마가 나오는 줄만 알았다.

호미로 고구마를 캐는 모습에 여기저기서 쏟아져 나오는 고구마를 보고 무척이나 신기한 모습으로 바라보는 눈빛이 유난히도 빛나고 있었다. 그렇게 신기함을 눈에 담으며 고구마를 가득 싣고 서울 집으로 돌아왔다. 그때부터 딸은 고구마를 무척이나 좋아했다.

　시골에서 가져온 고구마를 맛있게 먹었던 겨울이 지나가고, 새싹이 움트는 따사롭던 어느 봄날이었다.
　동생을 재우고 밖에 나와 보니 이게 웬일일까! 마당에는 온통 흙 바다를 이루고 있었다. 꼬마는 시골에 갔을 때 어른들이 호미로 땅을 파헤치니 고구마가 마구 나오더란다. 엄마가 동생을 재우는 동안 나도 한번 고구마를 많이 캐어 엄마에게 보이려 했다는 것이었다.
　예쁘게 꽃피우려던 화단의 꽃나무들은 어린 고사리 손에 모두 뽑혀져 나갔고, 아무리 파헤쳐도 고구마는 한 개도 나오지 않았다고 말하는 꼬마는 온몸이 흙투성이가 되어 있었다.
　시골에서 고구마 캐던 날 우리가 밭에 도착하기 전 시동생이 고구마 잎을 모두 거두어 냈던 생각이 떠올랐다. 할아버지와 할머니가 심으시고 가꾸어 키우신 고구마 잎을 보면서 자세한 설명을 해주었더라면 어린 꼬마가 화단을 파헤치는 일은 없었을 것을 생각하니, 어린 꼬마에게 미안한 마음이 밀려왔다.
　나 또한 그랬듯이 어렸을 때의 호기심은 어른들이 상상에 미치지 못할 일들로 가끔은 부모님을 놀라게 했던 일들이 떠올랐다.

또 다시 가을이 되어 시골에 내려갔다.

일 년 중 제일 바쁜 가을이 되면, 시골에는 눈코 뜰 새 없이 바쁜 계절이다. 바쁜 일손을 돕고 저녁 준비를 하려는데 시어머님이 다섯 살 된 손자가 갑자기 안 보인다 하시며 찾아보라 하신다.

방금까지 눈앞에서 놀던 아이가 보이지 않았다.

밖의 마당을 내다봐도 보이지 않아 어디서 놀다 들어오겠지 생각하며 저녁 식사를 준비하기 위해 부엌으로 들어가 보니 아이가 아궁이 속으로 들어가 발목만이 보이고 있었다.

너무 놀라 아이의 발목을 다급히 잡아당겨 보니, 온몸이 잿더미로 덮혀 있던 모습을 보고 온 식구들의 놀라움에 가슴을 쓸어 내려야만 했다.

놀다가 왜 갑자기 아궁이에 들어갈 생각을 했느냐고 시어머님이 물으셨다. 엄마가 시골에 오면 가끔씩 요술을 부려 아궁이에서 불꽃이 피어나오기에 어디서부터 불꽃이 나오는지 그 곳을 찾아보려 아궁이 속으로 들어가 보았다는 어린 아이의 말에 또 한 번 놀라지 않을 수 없었다.

아이들은 이러한 크고 작은 행동과 호기심이 쌓여 몸과 마음이 성장해 가고 가끔은 어른들이 상상할 수 없는 세계로 향해 가고 있다. 아이들이 커가는 마음에 조용히 귀를 기울이면, 상상력이 풍부하고 열정을 담는 모습도 엿볼 수 있었다.

아이들의 마음은 외부의 영향에 따라 변화해가고, 부모의 모습 자체가 아이들의 마음에 새겨져 가고 있었다. 때로는 아이들에게 무서울 정도로 예리한 말을 듣고, 깜짝 놀라는 경험들도 많아져 갔다.

 유난히 호기심이 많아 어린 시절 화단에서 고구마를 찾던 딸도, 불길을 찾아 아궁이 속으로 들어갔던 아들도 건강하게 잘 자라나 어느새 40대가 되었다.
 낙엽이 쌓여가는 가로수길 따라 핸들을 잡고, 멀어져가는 아들과 딸의 옛 모습을 생각하며 한동안 바라보고 있을 때, 붉은 석양은 멋진 내일을 약속하고 있었다. 손주들도 그리고 주변의 어린이들도 건전한 호기심을 발동하면서, 건강하게 자라나길 바라는 마음을 석양과 클로즈업 시켜본다.

전하지 못한 편지

오늘도 가지런히 놓여진 책 한 부와 편지 한 통이 나를 바라본다.

5년 전에 초등학교 동창 모임에 나갔다가 40년 만에 선생님을 뵈었다. 많은 친구들 사이로 건강해 보이시는 선생님과 점심 식사를 나누고 단체 사진도 찍었다. 그리고 선생님은 화장실 가신다 하시면서 살며시 모임 장소를 떠나셨다. 어른이 함께 있으면 나이 든 제자들 불편함만 주는 자리가 된다 하여 말도 없이 가셨다는 것이다.

그리고 며칠 후, 선생님은 동영상 한편을 보내주셨다. 나는 즉시 영상에 대한 답변을 드렸다.

그런데 선생님의 전화벨이 울린다.

"선생님 제가 전화를 드려야 하는데 선생님이 전화를 주셨어요. 죄송

합니다. "아니야, 내가 많은 제자들에게 똑같이 동영상을 보냈는데 네가 제일 먼저 답변이 와서 전화 한 거야" 라고. 하셨다. 그 후 선생님과 자주 메시지를 주고받는 일이 많아졌다.

선생님은 교직생활 몇 년 지내시다가 교단을 떠나 긴 공직생활 후, 정치에 입문하면서 많은 돈도 없애며 사모님을 힘들게 하셨다는 이야기도 들려주셨다.

어느 날에는 하루에도 몇 번씩 메시지를 보내주셨다. 그럴 때마다 아무리 바빠도 언제나 답변은 빼놓지 않았다.

어느 날에는 "너 작가 되었니?" 라는 갑작스런 질문에 쑥스러워 "아니예요, 선생님!"라고 답했다. '네가 보내는 사연들을 보면 작가가 된 것 같구나!'라는 메시지도 보내셨다.

작년 어느 날 선생님은 내 사진을 보셨다며 "드디어 등단했구나! 시간 내어 서울에 올라와. 맛있는 점심 사 주마!" 하시는 말씀에 "무슨 말씀을요, 조만간 한 번 서울 올라가 제가 맛있는 식사와 아이스크림도 꼭 사드릴께요." 라는 대답에 "일단 한번 만나자!" 라는 언급에 그렇게 하겠다고 선생님과 약속을 하였다.

가정 형편상 진학을 포기해야만 하는 6학년 2반 담임을 맡으신 선생님은 항상 안타까워 하시며, 어느 여름날 단체로 운동장을 돌고 난 아이들에게 모두 아이스크림을 하나씩 사주셨다. 그때 그 아이스크림 맛은 지금도 잊을 수 없다는 말씀을 들으신 선생님은 생각이 안 난 다고 하시며 나중에 만나면 아이스크림 하나 사줄 수 있을까 가벼운 농담도 해주셨다.

선생님은 학교를 떠나는 졸업생들에게 마지막 시간을 통해 어린 가슴에 희망의 씨앗을 소중하게 길러 갈 것을 당부하셨다.

학교 정문을 나갈 때에는 어깨 펴고, 당당하게 걸어 나아가라는 마지막 말씀도 어린 가슴에 지워지지 않았다. 더 넓은 세상으로 나아가 꿈을 포기하지 않는 사람이 되어가라는 말씀도 잊을 수 없다. 그 후 선생님의 말씀이 가슴속에서 떠나지 않았다.

선생님과 통화를 하고 며칠 후, 나는 넘어져 손목을 다치는 일이 발생하였다. 깁스까지 하였으니, 한 달은 지나야 풀 수 있다는 의사 선생님의 설명이었다. 선생님께 다쳤다는 말씀은 드릴 수가 없었다. 그렇게 2주쯤 되어갈 무렵 약속의 날짜를 잡기위해 선생님께 전화를 드리니 안 받으신다.

연세에 비해 활기차게 매일 헬스를 다니신다는 생각이 떠올라 운동하시는 시간일 듯 생각이 들었다. 이튿날 메시지를 보내도 답변이 없으셨다.

무슨 일일까, 조금은 걱정이 되었지만 그렇게 며칠이 지났다. 그런데 친구들 톡방에 선생님의 소식이 전해졌다. 며칠 전에 선생님이 외출 길에 쓰러지셔 뇌출혈로 돌아가셨다는 소식과 장례를 치른 지 며칠 되었다는 슬픈 소식이었다. 선생님 동료이신 선생님이 한 친구에게 뒤늦게 소식을 전해왔다는 것이었다.

아, 이럴 수가 있을까!

선생님을 만나면 69년도 졸업식날 다짐하며 교문을 나섰던 어린 소녀의 옛이야기와 지나온 세월 흔적들의 사연을 전하고 싶었는데, 죄송한 마음 어디에 묻어야 할지 한동안 멍하니 천장만 바라볼 뿐이었다. 선생님이 꼭 보여 달라 하시던 등단 모음집과 편지 한 통을 전해드리려 준비해 놓았었는데, 내 인생에 또 하나의 지울 수 없는 후회의 오점이 새겨지고 말았다.

만남은 헤어짐이 정해졌다고 하지만, 초등학교 담임과의 인연은 다음 세상에서도 다시 만나 이어지길 희망해 본다.

아버지와 샘물

내 나이 열 세 살 되던 어느 봄날이었다.

학교 갔다 집에 돌아와 보니 아버지는 앞마당 한쪽에 동그란 원을 그려 놓으셨다.

무슨 이유일까? 그리고는 한참 동안 바라보시더니 그곳을 삽으로 파기 시작하신다.

순간 아버지가 화가 나신 걸까 알 수가 없었다.

딸만 넷을 낳으신 어머니는 다섯째 임신한 무거운 몸으로 부엌에서 할아버지 점심상을 준비하고 계셨다.

잠시 후 아버지는 안마당에 우물을 만들기 위한 작업이었다는 사실을 알게 되었다. 그렇게 안마당에는 마중물을 넣어 펌프질로 퍼 올리는 작두 샘물이 만들어지고 있었다.

학교 갔다 집에 돌아오면 공동 우물가에 가서 두레박으로 물을 퍼 올려 물지게로 길어오지 않아서 너무 좋았다. 앞마당에서 시원한 물이 펌프질로 쏟아져 나오고 있다는 신기함은 이루 말할 수 없었다.

어머니는 이번에도 또 딸을 낳으면 어떻게 공동 우물가에 나가서 기저귀를 빨아야 할까! 라고 날마다 걱정하시던 어머니 말씀을 듣고, 고심 끝에 아버지는 앞마당에다 우물을 만들게 되었던 것이다. 그렇게 안마당에 우물이 생긴 한 달 후 어머니는 사월 초파일에 아들을 낳으셨다.

할아버지도 아버지도 엄청 기뻐하시던 모습은 지금도 잊을 수가 없다.

그리고 4년 후 막내 남동생이 태어났다. 우리 육 남매는 앞마당의 샘물을 마시며 몸과 마음도 건강하게 잘 자라날 수 있었다.

아버지는 동네에서도 소문이 날만큼 부지런한 분이셨다. 일찍이 어머니를 여의시고, 조실 모 밑에서 지내며 학교라는 문 앞은 가보지도 못하셨다고 한다. 어린 나이에 가장이 되어 어려운 생활을 벗어나기 위해 많은 눈물을 삼켜야 하는 고된 삶을 사셨다.

비록 공부는 못하셨어도 고달픈 인생 삶의 지혜를 통해서 미래에 대한 희망의 가치 있는 생활의 실증을 보여주신 아버지셨다.

승리와 행복은 오늘 하루를 걷는 발밑에 있다하시며, 아름다운 용기와 빛나는 인내로 살아갈 것을 육 남매에게 항상 당부하셨다.

아버지는 스무 살에 어머니를 만나, 몸이 불편하신 할아버지를 40년 동안 모시며 사계절 하루도 한가로이 쉬는 날을 볼 수 없었다.

　아버지는 행복과 불행이 맞서 싸우는 투쟁의 일생이셨다.

　어머니, 아버지의 부지런한 삶 속에 주변에서 부러워하는 여유로운 생활도 마침내 만들어 놓으셨다. 그것은 열심히 살아온 결과의 열매였다.

　아버지는 군에 간 막내아들 전역 날짜만을 달력에다 표기해 놓으시고, 손꼽아 기다리셨다. 그런데 아버지는 산과 들에 꽃들이 아름답게 피어나던 어느 봄날 막내아들 전역 날짜 5일 남기고 암이라는 병마와 싸우시다가 사랑하는 가족을 뒤로하고 94년 봄 60세의 연세에 할아버지 앞에 세상을 떠나셨다.

　할아버지는 병원에서 들려온 아버지의 소식을 믿지 않으셨다. 믿을 수가 없으셨을 것이다. 내 눈으로 확인하기 전까지는 믿을 수 없다고 하시던 할아버지는 아버지가 떠나신 3년 후 88세의 연세에 아버지 곁으로 가셨다.

　밖에는 봄바람에 싱그러운 초목의 물결이 일렁이고 온종일 봄비가 내리고 있다. 며칠 있으면, 그리운 아버지의 30번째 기일이 다가온다.

　공교롭게도 달력을 바라보니 마침 휴일이다. 어머니와 함께 육 남매 모두 한자리에 모여 아버지의 생전의 모습을 비롯, 이야기하며 추억에 젖을 생각에 벌써부터 눈시울이 젖어든다.

　우물을 만들고 태어난 남동생은 어느새 육십이 되어가고 있다.

살아생전 아버지께 다하지 못한 효도까지 두 남동생은 어머니에 대한 극심한 효심에 고마울 뿐이다.

아버지가 만들어 놓으신 아홉 식구의 식수가 되어주었던 고향집 앞마당의 샘물은 부모님의 사랑과 같이 아무리 퍼내어도 마르지 않았다.

지금은 아무도 없는 텅 빈 집에서 옛 추억을 감싸 안고, 육 남매의 발자국 소리만을 기다리고 있을 것이다.

오늘도 누군가가 찾아와 시원한 물 한 모금 마시며, 지난 옛이야기 한 가닥 들려주길 바라고 있을지도 모른다.

벚꽃

따사로운 봄바람 불어오니 햇살 받은 벚꽃
파란 하늘에 빛나고
아름다운 벚꽃 속에 목화송이 숨어있네

그 옛날 시집갈 때 어머니 텃밭에
목화심어 굳은살 손끝으로 활짝 핀
목화솜 따다가 솜틀에 목화씨 빼내어
솜이불 만들어 덜컹거리는 트럭에
실어 보내시고

밤잠 못 이루고 눈물짓던 지난 세월들
저 벚꽃 속에 숨어있는 목화솜 따다가
어머님 겨울밤 따스한 이불 만들어
그 위에 벚꽃 수놓아 보내드립니다

삼밭

60년대 그 시절 친구들과 놀던 놀이가 떠오른다.

유년 시절, 산골 마을이라 불리던 내 고향 충청도 그곳에는 백여 가구가 모여 살고 있어 큰 마을이라 불리었다. 아랫마을, 윗마을, 건너 마을, 온 동네 또래 친구들도 많았다.

놀이터인 뒷동산에 오르면, 크나큰 산소 마당에 양쪽으로는 커다란 비석이 서 있었다.

산소 주인이 먼 타지에 살고 있어, 산지기 아저씨 눈 피해가며 놀던 그 산소에는 잔디가 자라나지도 못할 만큼 봄이 되어도 반들반들하였다.

시간가는 줄 모르고 놀다가 어스름해지고, 굴뚝에서 저녁연기가 멈추면 목소리 큰 친구 엄마는 뒷동산을 향해 저녁밥 다 되었다 라며 친구를 부른다.

봄이 찾아오면 뒷동산에는 해마다 그 자리에 하얀 찔레꽃이 피어났다. 눈송이 내려앉은 것처럼 새하얀 꽃이 피기 전, 찔레 순을 따서 먹던 그 시절 추억도 잊을 수 없다.

가을이 되면 뒷동산에 키가 큰 상수리나무에는 상수리가 많이도 열렸다. 나는 친구들보다 상수리를 많이도 주어왔다. 어머니가 상수리 묵을 만들어 이웃에게 보내는 심부름을 시키는 날이면, 신이 나서 묵사발을 들고 돌아다녔다.

겨울이면 뒷동산에 올라가 솔방울을 따다가 연탄불이 꺼지려 할 때 몇 개를 넣으면 불꽃이 피어올랐다.

겨울이 지나고 봄이 찾아오면 집집마다 텃밭에는 삼을 심어 가꾸었다

한여름이 되어, 어른 키만큼 자라나면 베어서 밭에다 아궁이를 만들어 커다란 드럼통을 묻고, 불을 피워 삼을 쪄내는 작업을 하였다.

그렇게 쪄낸 삼 껍질을 벗기어 햇볕에 말리고 나면, 큰 샘으로 싣고 가서 어머니는 삼을 빨아 오신다. 그러고 나면 삼베 길 삼을 만드는 첫 과정이 시작된다.

삼을 가르고, 삼고 매고, 그렇게 여러 과정을 거쳐 마지막에 어머니는 베틀에 앉아 찰칵 찰칵 온 힘을 다해 베를 짜내는 그 소리는 어머니의 고된 삶의 몸부림이었다. 삼베를 짜내어 장날이 돌아오면, 어머니는 시장에 내다 팔기도 하고, 할아버지 아버지 여름옷도 밤샘으로 손수 바느질하여 만들어 내셨다.

제일 먼저 이른 새벽녘 굴뚝에서 어머니의 연기가 피어오르고, 미래에 만들어질 행복만을 위해 살아오신 나날은 어머니의 땀방울 속, 보릿고개 삶이었다.

친구들과 숨바꼭질 놀이하며 놀던 삼밭은 철없던 유년 시절의 잊을 수 없는 또 하나의 추억 놀이로 새겨져 있다.
그 삼이 자라나 베어내기 전까지 친구들과 숨바꼭질 하며 숨는 곳으로는 제일 으뜸이었다.
일찍이 저녁밥을 먹고 나면 약속이나 한 듯 친구들 모두 모여 숨바꼭질하다 보면, 시간 가는 줄도 모른다. 애들아 삼 부러진다! 삼밭에는 들어가지 말거라! 하던 어른들 목소리가 지금도 아련히 귓전에 들려오는 듯하다.
아침이 되면 누구 네의 어제 밤 삼이 많이 부러졌다고 걱정하는 어른들의 이야기를 들을 때마다 모르는 척하며, 친구들과 뒷동산으로 올라갔다.

조심조심하며 숨었는데도 삼이 부러져 어른들의 걱정을 만들었던 삼밭의 추억은 내 나이 열 살이 넘으면서 갑자기 삼을 심는 집이 없어지기 시작하였다.
나는 그 이유를 성인이 되어서 알게 되었다. 삼이 대마초라는 이름으로 우리 곁에서 모두 사라져 버린 것이었다. 그 후 나는 오늘날까지 삼을 본 일이 없다.

오래전 어머니는 손수 베틀에 앉아 짜낸 삼베로 수의를 만들어 놓으시고, 고향집 장롱 깊은 곳에 가지런히 보관해 놓으셨다. 그 수의와 함께 어머니 오래도록 오늘만큼만 활동하시며, 지내시길 두 손 모아 기원해 본다.

많은 세월이 흐른 지금은, 어머니도 연로하시어 자식들 가까이에서 지내시니 그 텃밭에는 고향 이웃사촌이 고추도 심고, 감자도 심어 가꾸고 있다.

가끔 고향에 가면 그 텃밭에 다른 작물이 자라고 있어도, 우리에게 그 밭은 텃밭으로 부르지 않고, 지금껏 평생 삼밭이라 불리고 있다.

며느리와 찻집에서

3년 전, 연말이 다가오던 어느 날 가까이 사는 며느리가 집으로 오라는 전화벨이 울린다.

무슨 일일까? 집에 도착하니 어린아이를 업고 전까지 한 상을 차려 놓고 기다리고 있었다. 무슨 일이냐고 물으니 코로나 속에 올해도 아이들과 무탈하게 잘 지낼 수 있었던 것은 어머님이 기원해 주신 덕분이라 하면서 그 고마움 담아 식사 준비를 했다는 마음에 감동이 물결치는 식사 시간이었다.

그런데 며칠 후, 털목도리와 꽃바구니를 안고 며느리가 찾아왔다.
며칠 전에도 만났는데, 새해를 맞이하였으니 오늘은 밖에서 맛있는 식사도 하고, 찻집에도 함께 가자는 일정이었다.

진즉에 찻집에도 가는 시간 만들려 했는데, 이제서야 만들게 되었다는 말을 나누며 찻집으로 옮기는 발길을 겨울 햇살도 반기고 있었다.
연년생을 키우느라 매일 바쁜 일상 속에 두 아이를 어린이집에 보내고, 시간을 만들어 온 며느리의 마음이 대견스럽고 너무나도 고마울 뿐이었다.

잠시 내 과거를 뒤돌아보는 순간이었다.
찻집에서 처음으로 며느리와 둘만이 마련된 시간이 흐르고 있었다.
며느리의 마음을 알고 있는 듯 한겨울 찻집 창가의 따사로운 햇살은 창살을 뚫고 들어와 함께하고 있었다. 며느리와 마주한 찻잔 사이로 한겨울의 꽃병 속에 꽃이 아름다움을 뽐내고 있었다. 꽃이 참으로 아름답구나! 네 어머니 참 예쁘네요. 그런데 이 꽃보다 네 마음이 더 아름답게 느껴지는구나! 그렇게 고부간의 대화는 오가고 있었다.
그 순간 일 년의 행복이 가슴속에 넘치도록 쌓여만 가고 있었다.

아들하고 동갑내기 며느리는 상냥하고 참 예쁘다. 그리고 마음씨까지 아름답다.
어느 날부터인가, 가끔씩 글 쓰던 나의 꿈을 눈치 챈 며느리는 뒤에서 많은 응원하고 있을 테니 꿈을 접지 말고, 계속 도전해 보라는 말에 잠시 접었던 꿈은 창살을 뚫고 들어온 햇살과 함께 새로운 마음을 일으키는 계기가 되었다.

어느 날은 아주 멋진 신발을 사주며 좋은 신발 신고 좋은 곳도 많이 다니다 보면, 좋은 일이 생길 거라는 며느리의 아름다운 마음에 즐거운 마음으로 더욱더 도전의 다짐을 하였다.

그동안 해오던 수영도 잠시 접어 두고, 글 쓰던 취미를 일으켜 컴퓨터와 마주하는 생활로 이어져 갔다.

지나온 젊은 나날들 나는 무척 바쁘게도 살아왔다.

그동안 바쁘게 살아온 삶들의 바탕으로 오늘의 여유로운 시간에 감사하며, 그동안 인생 경험을 떠올리면서 가슴속에 담아두었던 삶의 사연들을 하나씩 엮어가다 보니, 그 결과는 며느리의 말처럼 뜻을 이루는 문이 열리고 있었다.

며느리의 말처럼 멋진 신발은 좋은 길, 새로운 길을 걸어가게 만들어 주고 있었다.

지난해에는 한 문단에서 작가로서의 등단 소식이 날아왔다.

오래도록 간직해 오던 꿈을 이루게 되는 기쁨도 얻게 되었다. 드디어 꿈을 이루었다며 며느리도 아낌없는 축하의 마음을 담아 축하 파티의 자리를 마련하고 있었다. 며느리가 아니었으면 오늘의 이 기쁨은 아마도 없었을 것이다.

내 마음 더없이 행복한 순간이었다. 연년생인 김 은과 엄지, 손에는 할머니의 축하 꽃망울이 함께 미소 지으며 바라보고 있었다. 열심히 살아온 그 공간들을 아름다운 꽃망울들이 채워주는 순간이었다.

이른 시간부터 서울까지 문단 등단 식에 동행한 딸과 듬직한 사위도 함께 축하해 주었다.

 쑥스러워 말을 못하고 샴페인을 들고 서 있는 아들의 마음도 읽을 수 있었다. 모두가 즐겁게 한자리에 모여 아들이 들고 있는 샴페인이 넘쳐흐르고 있을 때, 웃음소리와 함께 한 가정의 행복도 넘쳐흐르고 있었다.

첫걸음

아름다운 우정은 대화를 통해서 새로운 가치가
생기고 새로운 발견도 할 수 있다.
대화라는 거울에 비추면 타인을 알게 되고
자신을 알게 된다.

사람을 잘 만나고 관계를 잘 맺는 것도
언제나 그곳에는 관계를 잘 이어가는
대화에서 비롯된다.

대화는 자신의 껍질을 깨트리고 격을 높이는
지름길이 되기도 한다.
마음이 통하는 대화에는 멋진 신뢰의 꽃이 피어난다.

아름다운 대화는 심전에 행복의 씨앗이 싹트고,
그 속에서 새로운 우정의 고리를 넓히는
첫걸음이 만들어져간다.

편의점 윤 여사님

그동안 코로나로 중단했던 수영장을 갔다 오던 어느 날이었다.

동네에 있는 한 편의점에 들렀다 한 부부의 지친 모습 속에 한쪽 몸이 불편해 보이는 아저씨 모습이 내 시선을 멈추게 만든다.

오래전 내가 살아온 삶의 모습을 재발견한 그 자체로 내 눈에 들어오고 있었기 때문이었다.

그 후 가끔씩 방문하면서 자꾸만 눈길이 멈출 수 없는 마음으로 다가온다.

지난날 장애인 단체의 책자에 실렸던 남편의 투병 중에 극복해 낸 사연을 복사하여 전해주고 싶은 마음도 물리칠 수 없었다. 지나친 행동인 줄 알면서 나의 행동을 심상치 않게 바라보는 윤 여사님에게 시간될 때 한

번 읽어보시면 조금이나마 도움이 될듯하여 전해드린다는 말을 남기고 편의점을 나왔다.

남편이 공직생활을 하다가 갑자기 닥친 현실을 받아들이기 힘든 것을 어찌 말로 다 표현 할 수 있을까, 포기했다는 그 말이 내 귓전에 맴돌았기 때문이었다.
윤 여사님이 읽어보았는지는 지금도 알 수는 없지만, 무슨 말이라도 전해주고 싶었기 때문이었다. 집안에 환자가 있으면 온 가족이 힘든 것은 이루 말할 수 없는 일이지만, 그 투병 생활만큼은 다른 병마와 다르다는 사실을 잘 알고 있기에 남달리 생각이 들었던 것이다.

그 후 즐겨보는 신문도 전해주면서 가끔씩 들르곤 했다. 일 년쯤 지나면서 살아가는 이야기며, 취미 생활의 대화도 바쁜 틈 속에서 조금씩 이야기를 나누는 사이가 되었다.
"오늘도 수영장 갔다 오는군요!"라며 의자까지 내어주며 차 한 잔을 권하는 밝은 모습으로 가족 이야기도 나누는 사이로까지 발전되었다.
부모는 자식의 거울이라는 말처럼 삼 남매를 남다르게 사회의 인재로 훌륭히 키워낸 어머니의 모습도 존경스러움으로 넘쳐흘렀다.

나 또한 남편의 병고가 찾아 왔을 때에 그랬듯이, 그분 또한 갑작스럽게 찾아든 현실의 고뇌에 몰려 한순간에 잃어버린 가정의 행복을 찾기 위해 때로는 지치고, 마음이 쓰러질 때도 한 두 번이 아니었을 것이다.

 인생을 살아가면서 여러 형태의 고난을 겪으며 살아가지만, 희망과 용기를 져버리지 않는 한 얼마든지 극복해 낼 수 있다는 경험담을 들려주고 싶은 마음이었다.

 나도 한때는 말할 수 없는 좌절로 어두운 터널 속에서 결코 지지 않겠노라 소리 없는 소리로 외쳐도 보았고, 그리고는 가슴 깊이 새기는 희망의 미소를 잃지 않았다. 그것은 내가 겪어야 할 운명이라면 울지 말고 웃으며 이겨내리라 다짐하였기 때문이었다. 특히 환자 앞에서 많은 대화와 밝은 미소는 환자에게 힘을 주는 모습으로 전달되었다.

 친구나 다른 사람에게 푸념을 말하면 잠시 어느 정도 마음의 위안은 되겠지만, 사태 해결에는 조금도 도움이 되지 않는다는 사실은 긴 세월을 살아온 나의 지난날의 삶의 경험이었다. 그 경험들을 바탕으로 쓴 글이 지난 봄, 한 문학지에 등단하여 모음집도 나왔다.

 그녀와 대화 중 책을 무척 좋아한다는 말이 떠올라 누구보다 먼저 편의점에 들러 모음집을 전해주고 싶었다. 책을 내미는 나에게 윤 여사님은 그냥 받을 수는 없다며 두 손을 내 저으며 뿌리친다. 공손히 사양하는 내 마음을 받아 주는 감사한 마음 앞에 윤 여사님은 펜을 내밀며 그러면 사인을 해야만 받는다고 말하며 밝은 미소를 보인다. 처음 보는 사인이라는 말에 당황하는 마음 감추고 펜을 잡은 손끝이 떨리고 있는 모습을 윤 여사님은 내려다보고 있었다.

보다 좋은 인연되어 이웃사촌으로 살아가면서 아름다운 이야기도 나누며 먼 훗날 또 다른 누군가가 똑같은 어려움을 겪고 있는 사람이 있다면, 희망과 용기를 전해주는 이웃이 되어가길 바라는 마음뿐이다. 또 다른 인생 길목에서 어떤 새로운 인연을 만나게 될까? 라는 생각과 함께 어려움의 고뇌에 빠진 벗이 있다면 함께 눈물지으며 감싸 안을 자비의 마음을 가슴에 담아본다.

 처음 뵈었을 때보다 조금씩 다르게 건강을 찾아가는 아저씨의 모습에서 하루속히 행복의 웃음꽃이 활짝 피어나는 한 가정의 모습을 그려본다.

남편과 반회보

반회보를 들고서 이웃집으로 향하는 남편의 뒷모습을 한동안 바라보고 있었다.

서울에 주소를 두고 지낼 때의 생활이 문득 떠올랐기 때문이었다.

7년 전 직장을 다니던 남편은 갑자기 손발이 마비가 되어 화장실에도 혼자서 갈 수 없는 상황으로 암흑 같은 생활이 되었다.

성격이 불같은 남편은 이런 모습으로 살아가느니 차라리 죽어버린다고 약을 사오라고 하던 가슴 아픈 사연은 지금도 잊을 수가 없다.

하루아침에 고뇌로 둘러싸인 생활 속에 환자와 경제적인 고통은 이루 말할 수가 없었다. 어린 두 남매와 생활전선에 들어서면서 눈앞에 펼쳐진 피할 수 없는 그 현실생활들을 어찌 몇 자의 글로 다 표현될까. 뭐든 좋다는 약과 침술을 찾아 얼마나 헤매며 병원을 찾아다녔던가.

4년 전 무덥던 여름 어느 날 온종일 지친 몸으로 집에 들어가려니 반회보가 우편함에서 힘을 내라는 눈짓을 하고 있었다.

　힘든 생활을 위로해 주는 듯 두 눈에 들어오는 한 기고란이 말해주고 있었다.

　너의 힘들고 고달픈 삶을 이곳에 한번 털어 놓으렴. 나는 주어진 현실이 아무리 힘들어도 그 누구에게 하소연 한번 하지 않고 살아온 나아겐 커다란 위로가 되었다.

　나는 그 날 밤을 지새우며 이 고뇌의 삶을 벗어나기 위해 희망과 용기를 가슴에 담으며 살아가는 사연을 원고지에 채우고 있었다.

　일 년 이 년 시간이 지나면서 남편은 조금씩 회복 되어가고 있었다.

　아이들도 건강하게 잘 자라 주었다. 그리고 한 달쯤 지났을까. 그 원고는 아름다운 시계가 되어 우리에게 날아왔다.

　그 후 남편은 건강한 모습으로 이웃 어른들의 추천으로 통장 일을 맡아보게 되었다. 그리고 나에게 희망과 용기를 주었던 반 회보를 들고서 이웃으로 향하고 있는 모습을 한동안 바라보고 서 있던 것이었다.

　어려운 고뇌 속에서 지내는 이웃을 보면 지난날의 나의 어려웠던 생활을 들려주며 용기를 잃지 말고 강한 마음을 일으켜 극복해 내라는 격려의 말도 잊지 않는다.

　남편은 요즘 인사하는 사람이 많아졌다고 농담 삼아 재미있는 이야기도 나누며 지난날의 힘들었던 옛 이야기 나누다보면 그동안 고생 많았다고 전해주는 남편의 한 마디 그 속에 많은 행복을 느끼며 지내고 있다.

  역경이라는 충격도 용기 있는 사람의 마음을 바꾸지는 못한다.

  그래서 우리 가정의 행복의 울타리 속에는 봄을 알리는 매화처럼 아름다운 대화의 꽃을 피우며 살아가고 있는지도 모른다. 평범한 생활 속에서도 신선한 감동과 기쁨을 얻어낸 웃음 속에 행복 담으며 오늘도 분주한 발걸음을 옮긴다.

[1996년 대전 서구청 투고사연]

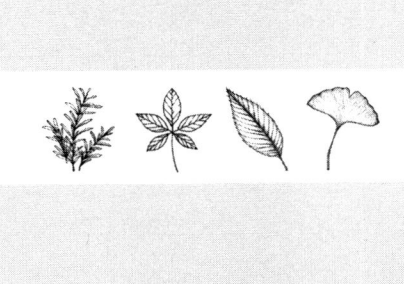

3부

만남과 이별

여름 보내기

오늘도 이어지는 무더운 날씨에 폭염 안전수칙 메시지와 눈길 마주한다.

해마다 더운 여름을 이겨내야 결실의 가을을 맞이하지만 올여름 날씨는 누구에게나 인내력을 이끌어 내고 있다. 나에게 이웃 친구는 너무 낙천적이라 더위도 못 느낀다고 한마디 전한다. 하기야 이 찜통더위가 왜 난들 덥지 않을까!

해마다 나는 나만이 더위 이기는 방법을 마음속에서 찾는다.

여름이 오면 난 꽁꽁 언 빙판길을 생각한다. 그런 나에게 이웃친구는 한마디 하다가도 언제나 한바탕 대화의 전쟁이 벌어지곤 한다. 더위에 밖에서 일하는 사람들을 생각하면 그늘에서 시원한 바람을 내주는 기구들이 있어 어찌 덥다고만 할 수 있을까! 라는 생각이 날아든다.

밖을 내다보니 택배차가 멈추고 한 가정의 가장이 이마에 흐르는 땀을 옷소매로 씻으며 무거운 물건을 들고 맞은편 아파트 정문으로 달리고 있다. 하우스 안에서 일하다 쓰러졌다는 뉴스보도가 나오니 망설임도 없이 폰을 집어 들었다. 천안에서 메론 대 농사를 지으면서 하우스에 요즘 다른 작물을 많이 심는다는 여동생 생각이 떠올랐기 때문이다.

대학 졸업후 동생은 35년 전 결혼하여 천안에서 계속 농사를 지으며 살아왔다. 두 아들 ROTC 보내고 큰 아들은 전역 후 가업을 이어받아 도우며 지내고 있다. 작은 아들은 어려서부터 집안에서 성실한 모습을 보였던 조카였다. 초등학교 때 준비물을 안 가져오는 친구를 위해 준비해 가는 것은 물론, 엄마 없는 친구를 생각해서 엄마가 학교에 오는 날 친구들 눈에 띄지 않게 살짝 다녀가라는 말을 했다고 한다. 어린 마음에도 친구를 배려하는 마음이 남달랐던 모습으로 성장한 조카의 모습이다.

군에서도 교관생활에 얼마나 모범인 생활을 하고 있을지 동생이 전해주지 않아도 잘 알고 있을 듯 했다. 그 아이가 장교로 군복무 중에 이 더위가 물러가고 가을이 오면 결혼을 한다하니 외할머니의 칭찬도 날마다 아끼지 않으신다. 찜통더위 하우스 안에서 힘든 일을 해도 두 아들을 생각하면 힘이 난다는 동생의 말을 들으면 덥다는 말은 어디론가 사라진다. 열대야 더위도 얼마든지 지혜로운 생활에서 물리칠 수 있었다. 천성이 동생을 닮은 조카는 어느 집의 멋진 사위가 될까! 그 집안의 대경사임은 틀림없는 일이다.

육남매 중 동생은 어려서 조부님의 큰 사랑을 받으며 자랐다 공부도 열심히 하여 부모님의 사랑도 독차지 하였다. 동생은 어려서부터 생명에 너그러움을 안고 깊고 풍부한 마음으로 언제나 상대방에게 배려하는 마음의 모습을 보이고 있었다. 한때는 사업에 큰 어려움을 겪으면서도 지혜롭게 잘 극복하여 주변지역 개발로 인하여 지금은 여유로움을 보이며 살아가고 있다.
 의연하게 열심히 살아가면서 진지한 모습으로 일하는 모습은 가족에게 풍부한 정신적 양분이 되어가며 지내고 있다. 동생의 희망은 지금 끝없이 펼쳐지고 있는 모습 그 자체로 더 없이 아름답기만 하다.

 며칠 전에는 어머님 생신에 가족 모두 모인 자리에 하루 일손 접고 밝은 모습으로 찾아와준 동생의 마음이 고마울 뿐이다. 더위 속에 우리 아들 며느리도 두 아이와 함께 참석해주어 고마울 뿐이었다.
 어머님의 즐거워하시는 모습은 더할 나위 없이 감사한 날이었다.
 이 더위도 머지않아 높고 푸른 하늘아래 춤추는 고추잠자리 무대로 양보하며 사라져 가겠지.

만남과 이별

봄비가 그친 오후 산책길은 마음까지 상큼함을 전해주고 있었다.
이른 봄에 피었던 목련과 벚꽃이 지고 나니 4월 하늘 아래, 온천지 연산홍 꽃이 아름다움을 뽐내고 있다. 봄 햇살에 비친 초록 잎사귀를 감싸 안고 연분홍 꽃잎들이 옛 추억 속으로 안내하는 모습을 외면할 수 없었다.
해보고 싶은 것도 많던 어린 시절부터 부모님의 말씀은 그 어떤 것이라도 따르며 성장하였다. 꿈을 안고 성장한 내 나이 어느새 이십 대가 되어 있었을 때였다.
이웃에 살던 한 아주머니는 시댁 마을로 장사를 다니고 있었다.
장사 아주머니에게 시댁 이웃에 살고 계시던 큰어머니는 마땅한 아가씨가 있으면 서울에서 직장을 다니고 있는 조카를 중매하라는 말에 아주머니의 마음속에 떠오른 것이 어찌 나였을까, 맏딸인 나는 부모님이 젊으시기에 만나기 전부터 여섯 살 위인 사람은 절대 안 된다고 하여 없던 일로 흘러가고 있었다.

그렇게 1년이 지나갔다. 그런데 어느 날 장사 아주머니는 우리 부모님을 다시 찾아와 그쪽에서 다시 한 번 이야기해달라는 부탁을 받고 왔다는 이야기가 문풍지 사이로 흘러나오고 있었다. 또 다시 이런저런 이야기가 오가면서 1년이 흘러갔다.

삼월의 햇살은 꽃향기 향연이 온 천하에 날리던 어느 봄날 한 번 더 만나기로 약속이 만들어지면서 그렇게 운명적 만남의 시간이 흐르고 있었다. 찻집 반대 방향 창가에는 점잖해 보이는 어르신 한 분이 나를 유심히 바라보는 모습이 눈에 들어왔다. 평생 술도 안하시고 말씀도 적으셨던 그 분은 시아버님이셨다.

굽이굽이 세월을 지나 그와 살아가면서 많은 생각이 들었다.

그날 만남은 우연이 아니라 과거세로부터 만나야 할 운명이 정해진 것은 아니었을까. 그리하여 78년 봄, 내 나이 스물넷에 우리는 약혼식 한 달 만에 부모님의 뜻에 따라 면사포를 포기하고 전통혼례 결혼식으로 한 가정이 이루어지게 되었다.

그때만 해도 중매로 결혼하는 사람이 많았다. 혼례를 치르고 부모님을 뒤로한 채, 한 남자를 따라가던 날에 나는 연분홍 치마와 옷고름이 긴 저고리를 입고 고향집을 떠나갔다.

어머니는 산비탈 아래 목화를 심어 굳은 손마디로 하얀 목화솜을 만들어 겨울에 추울세라 커다란 솜이불을 만들어 놓으셨다.

혼수 살림과 이불을 실은 비포장 길을 덜컹거리며 달리던 트럭은 내가 뛰놀며 추억이 많은 뒷동산과 고향집이 눈에서 멀어져만 가고 있었다.

변천하는 사회 풍조 속에 많은 세월이 흘러갔다.

그 세월들은 많은 변화로 눈앞에서 이별이라는 슬픈 순간들이 펼쳐지고 있었다. 지금은 시부모님도, 중매한 장사 아주머니도, 전통혼례 그 순간들을 제일 좋아하시던 친정아버님도 고인이 되신 지 오래다.

백년가약을 맺으며 함께 행복의 지평선 걸어가자며 맹세했던 그 사람도 이 세상과 이별을 새긴지 많은 세월이 흘러갔다.

이 세상에 태어나 살아가면서 서로의 연결 고리를 통해서 인연을 맺어주며 살아가는 현실 속에 주어진 사명이 끝나면 이름만 남기고, 가족에게 이별의 슬픔을 안기고 떠나는 흔적이 커다란 아픔으로 밀려 왔다.

인간은 태어나는 순간 생의 저 밑바닥에서 이별이라는 죽음이 흐르고 있었다. 죽음을 자각하지 못하면 진실한 삶도 찾을 수 없는 이유이리라!

인생에는 갖가지 고민이나 과제가 있는 듯 보이지만, 그것들은 모두 가지이고 잎에 불과하며, 근본적인 생사라는 과제에 전부 연결되어 있었다.

마음과 마음의 만남이라는 인연은 바람과 함께 멀리 사라져갔다.

이별의 아픔을 지우는 지우개는 어디 없을까.

세월

그대와 둘이서 일궈온 가정의 성은
눈물을 삼켜야하는 고뇌도 있었고
잊을 수 없는 아름다운 세계도
보았습니다.

평화로운 밝은 대화 속에 용기와
희망 분수와 같이 솟아오르고
그대의 사랑은 넘쳐흘렀지요.

서로의 사랑 존중이 깊어져 갈 때
네 부모 존경심 높아만 갔습니다.

인생의 봄을 느끼며 두 열매
사랑으로 얻어 장성하니
흐른 세월 어찌 빠르다 할까요.

그리움

 지금도 나는 꿈속에서조차 헤매이며 잊지 못하는 그곳이 있다.
 서울을 떠나 긴 세월 동안 눈만 뜨면, 우리 네 식구가 함께 지내며 많은 추억이 숨어있는 장소이기 때문일 것이다.
 두 아이 키우고 공부시키며, 남편의 건강도 극복하고 나의 꿈을 키우며 지낸 곳이기에 강산이 세 번이나 바뀌었어도, 자주 그곳으로 꿈 여행을 가고 있는지도 모른다.
 나의 바쁜 생활은 새벽부터 이루 말할 수 없는 나날의 연속이었다.

 중학교 앞에서 가게를 운영하다 보니 퇴근 시간이 되면 통근 시간을 기다리는 선생님들과도 자연스런 대화의 장이 만들어지기도 하였다.
 가게를 시작한 3년이 되던 어느 봄날 가게 앞 처마 끝에 제비가 날아와 집을 짓기 시작하였다. 주변 사람들도 신기한 듯 오가며, 지켜보는 나날 속에 제비는 열심히 집을 짓더니, 다섯 마리의 새끼를 낳아 보살피는 모습은 신기한 일이 벌어질 듯 보였다.
먹이를 물어다 주는 어미 제비들을 보면서 자식 사랑은 사람과 다름이 없음을 느끼며 신기함을 전해주는 즐거운 나날이 되어갔다.

강남 갔던 제비가 돌아온다는 삼월 삼짇 날, 양가 부모님의 축복 속에 우리는 결혼하여, 두 아이를 낳고 살아가다 큰 아이 열 살 되던 해였다.
어느 날 갑자기 직장을 다니던 남편의 건강문제로 복잡한 서울 하늘을 뒤로하고 이곳 대전에서 새로운 주소를 새기게 되었다.
남편의 좌절 속에서 희망을 불러 일깨워주고, 용기를 이끌어주는 일은 결코 쉬운 일은 아니었지만, 많은 대화와 밝은 목소리는 남편에게 커다란 힘이 되어가고 있었다.
새끼 제비도 제법 자라나 어미 제비 따라 날아다니며, 가을이면 어디론가 날아가 봄이면 어김없이 찾아와 반갑다며 인사하듯 지저귀면서 그 자리에 집을 짓기 시작하기를 몇 년이 흘러갔다.
제비가 처마 끝에 집을 짓고 새끼를 낳아 기르는 모습은 나에게 여유로운 마음과 커다란 용기와 희망을 물어다주고 있었다. 마음에 여유를 가지는 지혜는 내 안에 풍요로운 강을 만들어 가고 있었다.

고난과 시련을 겪으면서 내 인생의 폭풍우를 잠재우고 하루하루, 평온

한 삶의 감사함도 가슴에 담으며 살아가는 나날로 만들어갔다.

인생이라는 기나긴 길목에서 보다 풍부한 자신으로 변해가는 모습위해 노력을 게을리 하지 않았다. 또한 경애를 크게 열어 행복이라는 궁전을 소중히 해가는 마음으로 만들어 갔다.

제비에 얽힌 에피소드를 방송국에 기고했고, 어느 날 제비 사연이 라디오 방송의 전파를 타고 흘러나오던 날이었다. 제비 사연의 소문은 민들레 홀씨처럼 멀리까지 날아 제비집을 올려다보며 신기한 눈빛으로 확인하는 사람들이 줄을 지어갔다.

생명력에 강인한 마음을 채워가던 남편의 건강도 회복하여 출근하는 모습으로 되어갔다. 온갖 어려움을 의연하게 견디는 인내로 꿈과 같은 현실이 찾아들고 있었다. 어떠한 커다란 성공보다도 당신 덕분에 새로운 인생을 살아 갈 수 있다던, 저 세상 사람이 된 남편의 한 마디는 지금도 귓가를 울리고, 그보다 고마움 속에 행복을 느끼는 순간은 없었다.

자신의 마음을 다스리는 도전 속에 모든 고뇌는 행복 경애에 이르는 과정이었다.

어느새 서울을 떠나 온 지, 33년이란 세월이 흘러갔다.

그 세월들은 나에게 너무나도 많은 것들을 안겨 주었다. 잊을 수 없는 보람된 사연들도 많았다. 꿈도 이루는 빛이 눈앞에 펼쳐지고 있을 때 어느 날 갑자기 사랑하는 사람을 잃은 눈물의 슬픈 사연도 지울 수가 없다.

나는 오늘 밤도 그리움 안고, 바람에 실려 그 곳으로 찾아가 옛 추억에 젖어 꿈속에서 사랑하는 사람을 찾아 헤매 일지도 모른다.

  어느 누가 시간의 흐름을 멈추게하고 아름다운 순간들을 다시 한 번 의미 있게 해줄 수 있을까! 인생을 뒤돌아보니 삶 그 자체가 모두 시였고 또한 그리움이었다.

선생님과의 추억

 서울의 정릉에 자리하고 있는 청덕초등학교에 강래구 교감 선생님이 계셨다.
 오랜 세월이 흐른 탓일까. 여러 번 전화에도 결번으로 나오니 마지막 근무하셨던 학교로 문의해도 알려줄 수 없다는 답변만 돌아온다. 잊을 수 없는 선생님 생각이 어제와 같이 오늘도 떠오른다.

 선생님과의 인연은 1991년 당시 딸아이 열두 살 5학년, 아들 여덟 살인 1학년 때였다. 깊어가던 가을 하늘에는 먹구름만 가득히 날씨마저 싸늘하였다.
 서울을 떠나는 나의 심정을 알아주는 듯, 곱게 물든 낙엽들은 바람에 휘날리며 사뿐히 머리 위로 내려와 희망과 용기를 속삭여 주고 있었다.

남편의 건강 문제로 서울을 떠나 대전으로 이사 오려할 때, 교감 선생님은 대전으로 이사하는 것을 무척이나 말리셨다. 말은 낳아서 제주도로 보내고, 자식은 낳아서 서울로 보내라는 말이 있는데 왜 지방으로 내려가려 하느냐고 말리고 또 말리셨다. 하지만 서울에서 살아갈 수 없는 사연을 들으신 선생님은 서울을 떠나던 한 제자의 가정을 너무나도 아쉬워하며, 서울을 떠난 후에도 계속 관심 속에 지켜봐 주셨다.

5학년이던 딸의 전국 글짓기에 참여한 사연을 보신 교감 선생님은 깊은 사랑으로 칭찬을 아끼지 않으셨다. 어려운 가정 형편에 놓인 아이들의 재능을 키워 주시려는 선생님의 마음은 너무나도 크셨기에 딸아이를 가까이에서 지켜봐 주시고 싶다하시던 선생님의 마음이셨다.

딸의 사연은 교내 신문에도 실리게 되었다.

교내 신문과 선생님의 마음이 담긴 손 편지도 딸이 전학 온 학교로도 보내주셨다. 자식을 키우며 학교에서 칭찬받는 일은 부모로서 제일 기쁜 일이라고 하시며, 함께 기뻐해 주셨다.

그리고 대전까지 두 번이나 찾아와 주시며, 살아가는 모습과 두 아이 커가는 모습도 지켜봐 주셨다. 담임도 아닌 일교의 교감 선생님으로서 이 먼 곳까지의 가정방문은 처음이라 하시며 희망과 용기를 한 아름씩 담아주시고 떠나시곤 하셨다.

대전은 선생님이 첫 발령받았던 고장이며, 인심 좋은 곳이니 정들여 살라는 자상한 말씀도 잊을 수가 없다.

선생님은 얼마 후 김포의 신설된 방화 초등학교 교장 선생님으로 발령 받으시어, 교원 학교에서 연수중이라는 소식도 전해주시며, 쉬는 시간을 통해 동료 분들에게 한 제자의 가정 이야기도 자랑삼아 하신다는 말씀도 편지 속에 담아 보내주셨다.

선생님과의 편지를 주고받는 생활은 몇 년 동안 이어져갔고, 아이들 커 가는 모습도 전하며 남편의 건강도 좋아져 갔다. 선생님의 특별한 한 제자의 깊은 사랑에 감사한 사연이 라디오 방송에 울려 퍼지던 여름 어느 날 선생님과 생방송 인터뷰 목소리도 생생하게 떠오른다.

전국의 많은 제자들이 선생님의 방송 사연 들었다는 전화가 불이 난다고 하시며, 자모님 때문에 유명해졌다 하시던 선생님과의 인터뷰 사연도 나의 추억 창고에 간직되어 있다.

학생은 학교 성적도 중요하지만, 인성의 가르침이 더욱 중요하다고 자주 말씀하시던 선생님의 목소리가 요즘 더욱 떠오르는 것은 대학 근처에서 살아가고 있어서일까! 선생님의 교육 철학이 더욱 떠오르게 만든다.

서울 하늘 멀리에서도 선생님의 가르침 속에 어렸던 두 아이는 건강하고 성실하게 잘 자라 모두 가정을 이루고 열심히 살아가고 있다.

남편의 건강도 회복되어 이제는 건강한 모습으로 변하여 지나온 옛이야기와 선생님 이야기도 나누는 아름다운 대화는 마음의 밭에 행복의 씨앗을 심으며 소중한 하루하루를 보내고 있다.

유명하다고 꼭 행복한 것도 아니며, 부유하다고 꼭 행복한 것도 아니며, 남편을 지키고 내조하면서 마음 건강히 자식을 키운다는 평범할 수 있는 일을 끝까지 해내는 그 속에 참된 행복이 숨어 있었다.

이렇게 변한 모습을 보신다면 누구보다 선생님은 얼마나 기뻐하실까. 좌절하지 않고 묵묵히 미래의 무지갯빛 하늘을 바라보며 행복을 향한 그곳에 어김없이 새벽은 어둠을 몰아내고 인생의 봄은 조금씩 찾아들고 있었다.

떠오르는 아침 해에 감싸여 자신만이 피울 수 있는 최고의 소중한 사랑의 꽃을 인내의 대지에서 향기롭게 피어내는 일은 최고의 행복이었다.

선생님의 한 제자에 대한 깊은 사랑과 관심은 한 가정의 샘물이 되어 주셨고, 어느 때는 밝은 태양 빛이 되어 주셨다.

몹시 추웠던 겨울도 이제는 떠날 준비를 하는 듯 봄비가 내린다. 새로운 봄을 맞이하며 선생님과 주고받았던 많은 추억들을 삼십 년의 세월 속에 묻는다.

슬픈 여행

그대는 허덕이며 살아온 삶 잠시 접어두고
30주년 가을에는 멋진 단풍여행 약속 했었지
약속한 가을이 찾아와 서성이고 있을 때
저녁노을 붉게 물든 가을 어느 날에
그대는 홀연히 긴 여행을 홀로 떠나가고
함께 수놓았던 추억 가슴에 물 드리며
소리 없는 슬픔안고 그리움을 달래봅니다.

그 어떤 것에도 흔들리지 않는 모습으로
나의 삶이 과거되어 그대 곁으로 향하는 날
슬픔 아닌 최고로 찬탄 받는 환희로움 속에
가장 아름다운 추억은 지상에 남기고
가장 잊을 수 없는 모습 한 아름 안고서
바람타고 들려오는 산새소리 들으며
산기슭 따라 그대 곁으로 훨훨 날아가려 합니다.

목소리

나의 인생 삶 속에는 잊을 수 없는 한 스승님이 계신다.

스승님은 "목소리는 그 사람의 모습"이라는 말씀을 자주 전하셨다.

30년 전 갑상선 암이 임파선까지 전이되어, 세 번의 수술대에 오른 후 목소리을 잃고 살아야했던 내 삶의 답답함은 이루 말할 수 없었다.

어느 날 갑자기 가슴속에 쌓여있는 마음을 가족에게도 대화할 수 없는 현실이 되어 있었다. 하루아침에 목소리를 잃은 좌절감에 밖으로 나가는 일도 단절되어 갔다.

일 년 동안 재활치료를 하면서 시술을 받고 난 후 90%의 목소리는 찾았지만, 10%는 찾을 수 없었다. 담당 의사 선생님은 살아가면서 많은 노력을 해야만 90%도 유지하면서 살아갈 수 있다는 소견과 함께 소리 내어 책을 많이 읽는 연습을 하는 것이 좋은 방법이라는 말을 전해주었다.

그때부터 나의 생활은 완전히 바뀌어 새로운 생활로 만들어갔다. 그동안 바쁘다는 핑계로 멀리했던 책을 벗 삼아 지내는 나날로 이어져갔다.

책들과 대화하면서 새로운 출발의 고리를 넓히는 첫걸음이 되어갔고, 언제부터인가 가슴에 잠자고 있던 꿈도 일깨우게 되었다. 그 꿈을 향해 불타오르는 생명은 향기롭게 피어오르고, 책을 가까이하는 만큼 생명에 약동이 느껴지고 밤하늘에 반짝이는 별빛들도 용기를 전해주고 있었다. 미래의 무지개 빛 그림도 가슴속에 수 놓아보았다.

멋진 석양은 서쪽 하늘을 황금빛으로 물들이며, 맑은 내일의 하늘을 만들어 갈 때 자기 자신을 발휘해 갈 수 있는 모습으로 담아보리라. 자신의 가슴에 새로운 마음을 가득 채워갔다.

도전이 쌓여 비로소 빛나는 인생이 되어가고, 꿈을 담는 감정의 그릇이 만들어져 갈 때 가장 중요한 것은 정신적으로 지지 않는 자신과의 싸움이었다. 가슴속에 넘치는 용기를 안고 날마다 끊임없이 생명이 전진하는 희망의 빛을 만들어 갈 때, 인생의 봄은 눈앞에서 서성이고 있었다.

예전에는 몰랐던 말하기 힘든 사람들의 마음도 헤아릴 줄 아는 마음으로 되어 샘물처럼 솟아올랐다.

사람은 아무리 상대방을 이론적으로 잘 안다 해도 자신이 겪어보지 않은 일은 다 알 수는 없는 일이었다. 어찌 목소리뿐이랴! 인생을 살아가면서 크고 작은 일상을 겪으며 얻어지는 지혜는 돈으로도 살 수 없는 자산이 되어갔다.

말에도 힘이 있듯이 새로운 마음은 새로운 나를 만들고 있었다. 살아가면서 90%의 목소리를 내며 대화해 간다는 것이 얼마나 감사한 일인지 모른다. 지나온 삶의 크고 작은 감동적인 사연들을 인생의 카메라에 담아도 보았다.

오늘의 삶에 감사함을 가슴에 물들이며, 투병 생활의 사연들이 용접되어 한편의 글이 만들어져가고 있었다. 암 투병을 하며 허스키 목소리로 변해버렸지만, 그래도 내 마음 울림으로 누군가에게 전할 수 있다는 오늘의 목소리에 감사함을 안고 살아가고 있다.

사람의 행복과 불행은 목소리를 통해 말에서부터 출발하는 경우가 많지만, 무심코 던진 한마디가 인생을 바꾸기도 하고, 격려와 위로가 되기도 하듯이 풍요로운 마음에서 풍요로운 인생이 만들어져 가고 희망과 용기로 전해지고 있었다.

마음에 담긴 소리를 전하지 못했던 슬픈 굴레를 벗어나, 노력이라는 착실한 돌을 쌓아가니 건강도, 좋은 일도 눈앞에 펼쳐지고 있었다.

꽃향기 향기롭게 피어나도록 희망의 바람을 안고, 용기의 빛을 비추어 갈 때 그보다 더한 충실감은 없었다. 청정한 마음으로 그 누구에게라도 전할 수 있는 오늘의 90% 라는 목소리에 감사하면서 살아가는 그 속에 많은 행복이 숨어 있음을 발견하게 되었다.

이 세상에서 제일 미운 카네이션

어린이날을 맞이하여, 어린 손녀를 생각하며 문구점에 들렀다.
 예전보다 다양해진 물품들을 바라보니 옛 생각에 빠져 잠시 그 시절 속에서 맴돈다. 삼십년 전, 한 중학교 앞에서 오랫동안 문구업을 하던 젊은 시절이 있었다. 내 인생에 있어 그곳은 잊을 수 없는 우리 삶의 터전이기도 하였다. 그곳에서 우리 두 남매는 자라고 대학을 보냈었고, 참으로 구비 구비 추억이 많이도 서려있는 곳이기도 하다.

 자율학습 시절이라 새벽부터 가게 문을 열어야 하는 바쁜 생활이었지만, 꿈을 저버리지 않고 열심히도 살아왔다. 진열되어 있는 많은 펜들이 나를 보고 힘을 내라고 매일 미소 지으며 바라보고 있어서 그랬는지도 모른다. 어느 날 온종일 지친 몸으로 가게 문을 내리려 하는데 부부 싸움을 한 이웃의 젊은 여인이 숨을 헐떡이며 맨발로 뛰어 들어왔다. 숨겨 달라는 소리에 놀라 복사기 너머로 숨기고 돌아서려는 순간 남편이 뛰어 들어온다. 이곳으로 분명 들어왔다는 소리에도 모른다는 하얀 거짓말은, 훗날 사이좋은 부부가 되어 살아가던 비밀스러운 추억의 모습도 숨겨져 있는 가게였다.

 부부가 살아가면서 여러 형태의 고난을 겪으며 살아가지만, 그 부부 또한 삶의 고비를 잘 넘기고 가게 앞을 지날 때마다 보인 겸연쩍은 미소는 많은 시간이 지나면서 행복한 미소로 바뀌면서 아름다움을 보여주고 있었다.
 매일 등교 시간이 되면 그야말로 정신없이 분주한 시간을 보내야만 한다. 5월의 어느 등교시간, 가게 문을 열자마자 한 남학생이 뛰어 들어왔다. 그때만 해도 학교 앞에서는 조화로 만들어진 카네이션이 팔리던 시절이었다.
 학생은 카네이션 앞에 서더니 이 중에서 제일 예쁜 것 하나만 골라 달라고 한다. 기계로 찍어낸 조화는 누가 봐도 똑같으므로 네가 찾아보라고 하니, 그래도 아줌마가 제일 예쁜 것으로 골라 달라는 것이었다. 나는 똑같은 카네이션 한 송이를 건네주었다. 그런데 이번에는 이 세상에서 제일 미운 카네이션 한 송이를 골라 달라한다.
 우리 엄마의 가슴을 너무나도 아프게 하며 살아온 아빠에게 예쁜 꽃을 전할 수 없다는 말을 하는 학생에게 또 하나의 카네이션을 집어 들어보였다. 그 꽃은 너무 예뻐서 안 된다는 것이었다. 그럼 네가 골라보렴! 똑같은 것을 들고 학생은 이 카네이션은 이 세상에서 제일 미운 꽃이라는 말을 듣는 순간 똑같은 꽃에서 미움이 가득 찬 꽃으로 새겨지고 있었다. 이 학생의 가슴에 어찌하여 저토록 아픈 상처의 마음이 새겨졌을까 라는 안타까움을 감출 길 없었다. 그렇게 두 마음으로 가슴속에 새겨진 카네이션 두 송이를 사서 가게에 맡기고 학교 정문을 향해 뛰어가는 학생의 모습이 오래도록 기억 속에서 떠나지 않았다.

　삼 년 내내 그 학생은 그렇게 어버이날이 다가오면 제일 예쁜 카네이션과 제일 미운 카네이션 두 송이를 사 가지고 갔다. 그 아버지는 상상도 못 할 사연의 카네이션을 바라보며 아들을 대견스러워했을 것이다.
　그 후부터 학생들이 카네이션을 잡는 손길은 어떤 마음으로 부모님을 생각하며 찾아낼까 관심 깊이 바라보는 의구심이 생겨났다. 더 좋은 꽃을 내놓으라는 등 혹은 가끔은 생화를 찾는 학생도 있었다. 반대로 주머니 사정이 안 좋다며 고민에 빠진 학생들도 많았다. 그런 학생에게는 엽서 한 장 사서 공부도 열심히 하여 멋진 모습으로 커갈 것을 부모님께 전해보라는 말도 많이 해주었다.

　강산이 세 번이나 바뀌는 세월이 흘러갔다.
　엽서를 사 갔던 학생도, 세상에서 제일 미운 카네이션을 찾던 학생도, 이제는 장성하여 성실한 모습으로 어디선가 열심히들 살아가리라 옛 생각에 젖어본다. 오월이 되면 중학생들과의 추억을 떠올리며 이 세상에서 제일 미운 카네이션을 찾던 마음에서 이제는 정성이 깃든 제일 예쁜 카네이션을 찾는 마음이 되어 있을지도 모른다는 생각을 30년 세월 속에 던져본다.

[문학고을 우수작품]

목련꽃

봄은 우리에게 특별한 선물을 전해준다
마른 풀숲에서도 싱그러운 새싹들은
봄이 간직한 소생의 힘을 안고 넘치는
활력으로 외치는 듯하다.

한풍에 푸른 생명들 눈부시고 강인함을
뽐내며 목련도 고개를 내민다.
바쁜 걸음 멈추고 바라보니
산들바람 노래하고 꽃잎도 미소 짓는다

나도 한때는 목련처럼 고운 시절 있었지
어제 온종일 내린 봄비 이기지 못하고
목련꽃 발밑에 떨어져 울고 있는 그 모습
세월에 이기지 못하고 많은 약 봉지와
싸우고 있는 내 모습과 다를 바 없네요.

내성적 소녀

 어릴 적 유난히도 수줍고 내성적인 소녀는 말 수도 적었다.
 길을 가다가도 사람들이 있으면 어떻게 지나가야 할까? 쑥스러워 몸을 움츠리고 집으로 되돌아오는 경우가 많았다.

 소녀의 초등학교 2학년이 되던 어느 날이었다.
 할아버지는 어린 손녀에게 역사에 대한 이야기를 들려주셨다.
 우리나라 선수가 베를린 올림픽 마라톤에서 일등을 하여 월계관을 쓰고도 태극기를 들지 못하고, 일본 국기를 들어야만 했던 손기정 선수에 대한 이야기였다.
 며칠 후, 수업 시간이었다, 담임선생님은 일제 강점기시대 마라톤에서 일등을 하고도 일본 국기를 든 선수 이름을 아는 학생 혹시 있으면 손을 들어보라고 하셨다.

　내성적인 소녀는 할아버지로부터 들은 이야기가 머릿속에 생생하게 저장되어있건만, 끝내 손을 들지 못하고 커다란 눈만 깜박이며 입속으로만 손기정인데 라는 주문만 외우고 있었다. 아는 학생 한 사람도 없을 줄 알았다고 하시며 선생님은 손기정 선수에 대한 이야기를 자세히 설명해 주셨다.

　소녀는 집에 와서도 학교에서 있었던 이야기를 할아버지께도 말하지 못하였다. 많은 세월 할아버지와 함께 지내면서 이야기할 수도 있었으련만 소녀는 살아생전 할아버지께 말하지 못한 것이 평생 잊혀 지지 않는 기억으로 가슴속에 새겨져 있다.

　경쟁이 만연한 세상 속에서 소녀는 어느새 노년이 되었다. 변해가는 세월속에 많은 용기를 내려고 무단히도 남모르는 노력을 해왔다. 세상과 맞서 살아가는데 어디에서나 많은 용기가 필요하였기 때문이었다.

　결혼으로 가정을 이루고 생활환경은 확연하게 바뀌고 책임도 무거워지는 삶 속에서 보람을 찾는 데에도 많은 희망과 용기가 필요했다.

　누군가에게 아름다운 대화의 장도 용기가 필요했으며, 고된 삶 속 시련의 풍설을 꿋꿋이 견디며 헤어 나올 수 있는 그곳에도 희망을 찾는 용기가 필요했었다.

　지나친 내성적 성격에 묻혀 완전히 자신감을 잃고, 침몰해져 괴로움에 끌려 빛을 잃을 뻔한 적도 있었다.

그럴 때마다 자신의 생명 깊은 곳에 잠자고 있는 잠재력을 최대한으로 일깨워 갔다. 자신감은 뒤로하고, 불필요한 걱정이 앞서기 때문에 본디 자신이 지니고 있는 잠재력을 그만큼 잃어버리게 된다는 사실을 잊지 않으려 노력해야만 했다.

자신이 지니고 있는 강함과 끈기를 갈고 닦아 빛내어 갈 때 그곳에 기쁨이 솟아나고 있었다. 자신을 진지하게 응시하고 적극적으로 자신의 건설을 이루는 내면에서 넘쳐흐르는 샘물 같은 행복이 만들어지고 있었다.

지나치게 나약하고 수줍은 내성적 그 자체로는 언제까지나 괴로운 굴레에서 벗어날 수 없는 인생일 수밖에 없었을 것이다.

자신 스스로를 바꾸는 노력을 하지 않았으면 기쁨은 저만치서 바라볼 수밖에 없었을 테니까!

행복은 누군가가 가져다주는 것이 아니었다.

흉중에는 언제나 금강과 같은 결의가 남몰래 싹트고 있었다,

그것은 자신을 보다 크게 성장시키는 지름길이 되어 가고 있었다,

끊임없이 노력한 용기는 중년이 되어 무대에도 설 수 있는 당당한 모습으로 변하였다. 그것은 살다보니 어느 날 우연히 만들어진 모습은 결코 아니었다. 그 무엇에도 도전할 수 있는 희망 가득 찬 용기는 아름다운 삶을 장식해 주고 있었으며 용기는 사회의 거센 파도를 타고 넘는 인생 승리의 항구였다.

그 곳에 행복을 여는 샘도 숨겨져 있었다. 세상의 내성적 소녀들이여! 용기라는 무한한 인생전환의 힘을 끌어내라고 외치고 싶다.

친구

1978년 결혼한 나에게 친구는 한 권의 책을 소포로 보내왔다.
『지상에서 가장 아름다운 것』이란 책이다. 45년의 세월과 함께 누렇게 빛바랜 모습으로 변했지만 많은 추억이 담겨져 있다.

나의 유년 시절에는 마당에서 친구들과 고무줄놀이와 돌멩이를 주어다 공기놀이하며 지내는 것이 전부였다. 장날이 되면 어머니는 가끔씩 생선을 사 오시는 날에는 어김없이 신문지에 싸여 있었다. 나는 비린내 나는 줄도 모르고 생선 물이 배여 찢겨나간 신문지 한 조각에 새겨진 검은 글씨들 속에 푹 빠져들었던 기억은 지금도 잊을 수가 없다.

지금도 생선 비린 맛을 못 느끼는 것은 아마도 어린 시절 비린 냄새가 몸에 배여서인지도 모를 일이다. 그 모습을 본 친구는 어느 날 친구 언니가 보던 책이라면서 마지막 부분이 찢겨나간 『쌍무지개 뜨는 언덕』이란 책을 빌려주었다.

처음으로 마주하는 책이었다.

책 속에는 한 인생의 축소판인 삶이 담겨 있음을 느끼며 자신의 새로운 꿈을 키우며 성장해 갔다. 당시 초등학교 그 시절에는 종이가 무척이나 귀하여 서예 시간에 붓글씨 연습 날이 되면 어머니는 어김없이 이장님 댁에서 신문지 몇 장을 구해다 주셨다.

60년대 그 시절에는 대가족 문화 속에, 나 역시 그랬듯이 배움의 길보다는 공장으로 떠나는 친구들이 많았다.

봄 햇살 속에 목련꽃이 고개를 내미는 모습처럼 내 마음도 아름다운 모습으로 오늘이라는 공간 속에 행복을 담으려 노력해 갔다. 꿈 많던 소녀는 가슴 깊이 꿈을 묻어버린 채 부모님의 권유에 결혼하여 어느덧 두 아이 엄마가 되었다. 두 아이 키우며 책과 가까이하는 일상도 게을리 하지 않았다.

매일 아침 떠오르는 빛은 어둠을 몰아내고 대지를 밝게 비추며 그 빛과 열은 만물의 생명을 잠에서 깨우듯 독서의 습관은 인생에 있어 보다 풍부한 자신으로 지혜로움과 미래에 대한 열린 창문이 되어갔다.

93년 어느새 딸이 중학생이 되었다. 전국 독서 대상의 응모전에 참여했던 딸은 『지상에서 가장 아름다운 것』의 책을 통해 어머니의 사랑은 퍼

내어도 마르지 않는 샘물과 같다는 사연을 통해 세종문화회관의 시상식장에 오르는 모습도 아름다운 추억으로 간직되어 있다.

바쁜 일상 속에서도 틈틈이 책을 펼치면 달빛과 같은 온화한 모습 속에 강한 마음도 품을 수 있었으며, 검고 작은 입자 속에서 아름다운 빛을 얻어 낼 수도 있었다.

지난해 우연히 지역 문화센터의 프로그램 중, 시사랑 반에 참여하였다. 코로나 문제로 한 교실에 다섯 명의 새로운 인연과 마주하게 되었다. 어린 시절을 떠올리며 설레는 마음으로 책상 앞에도 앉아 본다. 세월의 훈장을 이마에 달고 선생님의 강의 소리에 모두 눈빛이 빛나고 있을 때, 선생님은 동료의 수필집이라면서 한 부씩 나누어 주신다.

보릿고개 동시대를 살아오면서 배움의 문턱에서 좌절하지 않고, 심전心田에 꿈의 씨앗을 심으며, 걸어온 작가의 살아온 사연들은 나의 눈물샘을 자극하기에 충분했다. 따사로운 햇살은 파릇한 새싹을 어루만져주듯 어느새 내 마음은 누군가의 손을 잡고 작가의 마음속으로 들어가 있었다.

내 마음까지 환하게 비춰주며, 희망의 향기로운 봄바람이 가슴속에 일렁이게 만들어 주고 있었다. 그 언덕길을 계속해서 오르는 발걸음 그 자체가 충실한 인생과 활기찬 행복의 실상이 되어가고 있었다.

아름다운 꿈을 물들이며 문화센터로 향하던 어느 날, 발걸음을 멈추게 만든 폰 소리가 가방 속에서 울린다. 한밭전국백일장에 응모해 참여했었는데, 그에 대한 장려상 소식이었다. 조그마한 가게를 운영하며 분주한 생활 속에서도 두 아이를 키우며, 책을 가까이하며 살아온 순간들을 컴퓨터 앞에 앉아 서투른 독수리 타법으로 엮어낸 울림의 결과였다.

고층 창가에 아침 햇살이 비추고 있을 때, 까치 소리도 기쁨을 전해주고 있었다. 『지상에서 가장 아름다운 것』이라는 책은 나의 또 다른 친구였고, 멀리 떠난 친구의 그리움의 발로였다.
모든 사람들이 각자가 이 지상에서 가장 아름다운 것들을 평생 추구하며 살아가기를 염원해 본다.

인생 오후

밖에는 겨울을 이기고 봄 햇살을 받고 있는 꽃들이 미소 지으며 흐드러져 있다.

가슴 속에는 자신만이 느낄 수 있는 또 다른 아름다운 꽃이 피어오르고 있었다. 자신의 인생 경험을 살리면서 날마다 새롭게 성장하는 그곳에 이제는 중년을 지나 노년이라는 하루의 활기찬 창문을 연다.

바쁜 삶 속에서 사람들에게 치인 상처도 이제는 잠들어 가고 있다.

자기 자신의 정의의 산을 향해 올라갈 때, 일상생활은 언뜻 보기에 별것 아닌듯하지만 한번 그 연쇄작용을 끊어 내려고 하면 더 이상 어떻게 할 수 없는 완강함으로 변하고 있었다. 그 속에 생활의 익숙함이 살며시 다가와 있다는 사실을 느끼며, 그 익숙함을 초월해 자신을 다스리는 마음으로 도전해야 비로소 행복이 확립되고 모든 고뇌는 위대한 행복 경애로 바뀌어 갈 수 있는 과정이 되었다.

젊은 시절에는 어디에서나 배움이란 단어 앞에 슬픔의 기억을 지울 수 없었다. 가정 형편상 공부는 강 건너 일로, 꿈도 꿀 수 없었던 기억들은 오늘날까지 그 현실을 누구에게도 말할 수 없는 젊은 시절의 한 페이지로 숨겨져 있다. 그러던 어느 날 바람 소리에 귀 기울이며 한 서적을 가까이하게 되었다. 가슴속 깊은 곳에서 싱그러운 바람이 일렁이며, 설레는 놀라움이 샘솟기 시작했다.

이렇게 위대한 힘이 담겨져 있을까? 그곳에는 한 인생의 앞날에 밝은 빛을 밝혀주고 있었다. 학력이 아니더라도 많은 꿈을 그려낼 수 있다는 가르침이 수놓아 있었다. 나도 할 수 있다는 글 쓰는 꿈을 가슴에 물들이며, 앞만 보고 열심히 살아왔다. 책은 나의 인생길 또 다른 동반자가 되어 주고 있었다.

고달픈 삶에 지쳐 지내면서도 가슴속에 새겨진 꿈만큼은 저버릴 수가 없었다. 그 꿈이 가슴에 새겨져 있었기에 눈앞에 고뇌가 놓여도 극복할 수 있는 힘이 솟아올랐다. 그것은 언제나 가슴속에서 또 다른 내가 응원하는 소리가 들리고 있었기 때문이었다. 꿈을 향해 여기서 끝까지 헤엄치지 않는다면, 평생 굴욕적인 파도가 내 안에서 소용돌이 칠 수도 있다는 생각뿐이었다.

거센 파도는 높아진다. 이 파도를 타고 넘어 승리하려면 어느 누가 인정해주지 않아도 희망을 가슴에 품고 달려야만 했다. 그것은 바로 어떠한 것에도 꺾이지 않는 마음으로 내 안에 풍요로운 강을 만드는 일이었다.

어느 시인은 흐르는 물은 언제나 자신과 싸우고 있기 때문에 정화하는 힘을 갖는다고 노래했다. 인간도 자신과의 싸움을 멈추면 고인 물처럼 성장의 힘을 잃는 것과 같다. 눈앞에 펼쳐지는 서적들 속에는 물질적인 자원은 한계가 있지만, 인간이 지닌 영지는 계속 퍼내어도 마르지 않는 샘처럼 무궁무진함이 느껴져 오고 있음을 비추고 있었다.

바쁘고 각박한 세상에서 한 줄기 빛으로 용기를 얻어, 내 위에 펼쳐진 별빛 가득한 하늘빛이 비추고 있을 때 즐거움으로 가득 찬 나날이 만들어지고 있었다.

내면의 부유함이란, 물질적인 부유함과는 다르듯 진정한 행복의 가치 있는 인생과 연결된 통로라고 할 수 있다. 이제는 인생 오후를 지나 노을을 바라본다. 어떠한 모습으로 충실하게 살아갈 것인가 절실한 과제 속에 놓여있다.

시간에 쫓기는 것이 아닌 살아있는 시간, 가치 있는 시간 속에 평범해 보이지만 싱그러운 마음으로 끝까지 살아가리라 다짐해 본다. 그것은 인생의 연륜을 더할수록 위대한 마음의 힘이 몸소 스며들고 있기 때문이다.

인생 칠십 고개에서 조그마한 꿈을 이루고 하루를 시작한다는 것이 꿈만 같은 일이다. 생활을 가벼이 여긴다면 인생 그 자체를 소홀히 하는 것과 같은 것이었다.

파블로 카잘스는 말했다. 그에게 세상에 남길 메시지가 있는가? 라고 물으면 언제나 이렇게 대답 했다고 한다.

"절대로 인생을 우습게 보지마라! 인생에서 뒤처지지 마라" 라고.

그 까닭은 언제나 인생의 현역임을 자부하고 있기 때문이 아닐까! 모든 것은 자신의 마음을 어느 방향에 두느냐에 달려 있었다.

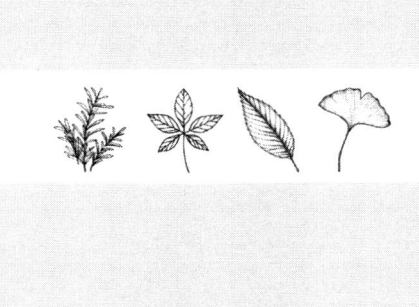

4부

어느 가을 슬픈 여행

어느 가을 슬픈 여행

 지나온 삶의 아픔이 있었기에 오늘에 작은 행복도 커다란 행복으로 느끼며 살아가고 있다.
 1991년 11월 8일 서울 하늘을 뒤로하고, 새로운 삶의 터전을 향해 이삿짐을 실은 트럭은 가로수길 따라 달리고 있었다. 세간 살이 위로 떨어지는 낙엽은 새로운 터전으로 향하는 한 가정을 위로해 주는 듯하였다.
 도착한 곳은 대전의 한 중학교 앞 문구점이었다.
 인생의 하루하루가 더없이 소중함을 느끼며 살아갈 때, 왼쪽 손발이 마비가 된 남편과 어린 두 남매 그리고 내 나이 서른일곱이었다.

 낯선 곳에서 새로운 삶의 발걸음은 새벽부터 분주한 생활이 시작되었다. 내가 나을 수가 있을까? 이전과 같이 걸을 수가 있을까? 절망 속에 지내는 남편의 투병 생활은 생명에 물결치는 강한 생명력을 심어야만 했다.

한 가정의 가장으로서 밝은 태양이 되어야만 했다.

모든 병은 경과의 시기에 따라 정도의 차이는 있겠지만, 아무리 힘든 상황 속에서도 환자 앞에서는 명랑함은 잃지 않았으며, 밝은 목소리와 많은 대화는 소침해 있는 남편에게 희망의 샘이 되기도 하였다.

겨울을 이기고 생명이 물결치는 3월 푸른 잎이 강한 생명력을 불러주던 어느 봄날, 가게 앞 처마 끝에 제비들이 날아와 집을 짓기 시작하였다.

새끼를 낳고 기르고 먹이 나르며 가을이 되면 어디론가 떠나가, 봄이 되면 어김없이 찾아와 그 자리에 집을 짓기 시작한다.

어느 날 다섯 마리 새끼들이 자라고 있던 제비집이 바닥으로 떨어지고 말았다. 놀라움에 내다보니 다섯 마리 새끼들은 움직이기 힘들어 보였다.

제비는 사람의 손길만 스쳐도 새끼를 돌보지 않는다는 라디오 방송이 떠올랐다. 이웃 아저씨의 도움으로 처마에 바구니 하나를 매달아 놓고 새끼 제비들을 조심스레 넣어주었다.

어디선가 날아온 어미 제비는 걱정하듯 먹이를 물어다 입에 넣어주며 잘 보살펴 주니, 새끼들은 잘 자라나기 시작하였다. 제비 사연이 라디오 방송에서 전해지던 날, 이웃 사람들은 물론 택시 기사님들도 확인하고자 찾아오는 그곳은 항상 웃음이 떠나지 않았다.

그리고 이듬해 어느 봄날. 택시 기사님은 웃으며 가게로 들어오더니 아주머니 혼자서만 욕심 부리지 말라 한다. 분명 제비들이 박씨 세 개는 물어 왔을 텐데 한 개만 내 놓으라고 하신다.

요즘에서야 나는 가슴 깊이 느끼며, 두 아이를 바라보며 하루를 맞이한다.

어느 날 제비는 바람 소리와 속삭이며 그 누구도 모르게 아름다운 박씨 두 개를 물어와 두 남매 가슴속에 심어 주었다고 나는 믿으며 살아가고 있다.

남편의 건강은 차츰 회복하게 되었다.

태양의 빛이 어둠을 몰아내듯 긴 투병 생활을 벗어나 출근하는 모습이 되었다. 이웃 어른들의 추천으로 통장 일도 10여 년을 맡아보면서 분주한 생활로 이어져 갔다.

누군가에게 우리 가정처럼 어려움을 겪고 있는 이웃이 있다면, 조금이나마 도움을 전하고자 남편의 건강해진 모습을 구(區) 소식란에 투고한 사연은 예쁜 탁상시계가 되어 우리 곁에 찾아와 남편의 출근 시간을 돕고 있었다.

주변의 많은 대형 매장들이 생겨나면서 15년 동안 많은 변화 속에 가을이 되면 낙엽이 쌓이듯 많은 추억을 안겨준 가게를 정리하게 되었다.

2008년에 남편은 결혼 30주년을 맞이하였으니, 올 가을에는 멋진 단풍

여행 가자며 아이들처럼 손가락 걸며 약속을 하였다.

　무덥던 여름이 떠나가고 먼 산자락에 나뭇잎들 고운 옷을 갈아입기 시작하며 약속한 가을을 알리고 있었다.

　그런데 그 사람은 가을 어느 날 갑자기 그토록 사랑하는 가족을 뒤로하고 한마디 말도 없이 혼자서 홀연히 다시는 돌아올 수 없는 슬픈 여행을 떠나갔다. 마음의 어두운 그림자가 드리우고 그 마음을 삭이기까지는 남모르게 많은 눈물을 삼켜야만 했다.

　가정이란 성곽은 언젠가는 무너지지 않는 성(城)으로서 영원히 남아 있을 수는 없지만, 깊은 인연으로 맺어져 생의 반려자이자, 생의 전사로서, 생의 동지로서 아름다운 꽃향기 발하면서 행복의 지평선을 향해 함께 걸어가자 약속도 했었다.

　그리움 속에 묻힌 약속은 바람과 함께 사라져갔지만, 그 사람의 모습이 담긴 시계는 오늘도 그 자리에서 쉬지 않고 돌아가고 있다! 시계 바늘의 짤각짤각, 돌아가는 소리가 남편의 숨소리처럼 들려와 내 원고에 귀를 기울이는 듯한, 하루를 보내며 한 페이지의 역사를 펼친다.

[한밭전국백일장 장려상 작품]

스승님과의 인연

오늘도 스승님이 자주 하시던 말씀을 떠올려본다.

나의 과거는 결코 바꿀 수 없지만, 오늘의 나의 행동을 바꿈으로써 나의 미래는 바꿀 수 있다는 말씀을 자주 거론하셨다.

스승님은 깊어가던 지난 가을 어느 날, 수많은 인생철학을 지상에 남기시고 영산으로 떠나셨다. 조선 후기 철학자인 성호 이익과 순암 안정복의 사제지간의 인연은, 순암이 35세에 딱 한 번 성호를 찾아 배움을 얻고 그의 제자가 되었다고 한다.

두 사람의 만남은 한 번에 지나지 않았지만, 두 분의 사제지간의 정과 학문적인 의지는 대단하였다고 전해진다.

그러나 나는 스승님과의 만남은 단 한 번도 이루지 못했지만, 많은 서적을 통해서 뵐 수 있었다.

　스승님은 세계적으로 많은 식자들과 대담하면서 평화, 문화, 교육의 운동을 펼쳐 오셨다. 문화와 교육은 인간의 정신을 일구고, 국경을 초월하며, 일체의 시대를 초월한다고 전하시며 2023년 11월 15일 95세의 일기로 생을 마감하셨다.

　나는 젊은 시절부터 스승님의 철학적인 서적들을 지표로 삼으며, 지내 온 생활들 속에 고비마다 고뇌의 삶도 향기로운 바람으로 바꾸는 지혜로움을 쉽게 얻어 낼 수 있었다.
　생명에는 위대한 마음이 깊은 곳에서 최고로 기뻐하는 대 환희가 솟아나며 환희로 가득 찬 샘물은 그 어떤 시련이나 역경에도 절대로 마르지 않는다는 사실을 전하며, 자신이 한 행동은 반드시 돌고 돌아 자신에게 돌아온다는 사상을 전하기도 하셨다.

　생명력이란 미래를 믿는 힘이고 희망을 날마다 새롭게 하는 힘일지도 모른다. 자녀의 생명에 내포하는 가능성을 지켜보면서 노력을 게을리 할 때, 그 온정은 비극이 되는 경우도 있다는 주옥같은 교육철학은 자녀를 키우는 부모로서 커다란 힘으로 다가왔다.
　행동이 없는 인생에 승리의 깃발은 없으며, 아침에 떠오르는 태양처럼 빛나는 승리의 깃발을 가슴에 품고 도전이 쌓여야 비로소 빛나는 인생이 된다는 기록을 구절구절 새겨 놓으셨다.

자신의 삶에서 직면하는 다양한 도전과 어려움에도 흔들리지 않는 용기와 인내로 끝까지 걸어가라는 한 구절 한 구절에서 나의 꿈을 이루는 무대도 만들 수 있었다.

모든 일에는 반드시 원인과 결과가 따르며, 인간으로서 타인의 불행위에 행복을 쌓지 말라는 수많은 가르침들을 생명 속에 새기며 오늘도 스승님의 마음을 간직하며 살아가고 있다.
아름다운 사제의 유대라는 것은, 만남을 뛰어넘어 그야말로 인간으로서 승리의 빛남이 아닐까.
행복과 평화의 물결을 세계로 넓히는 의미로 아픔의 증언과 전쟁의 비참함의 전시회를 비롯한 실록 등들도 세계 곳곳의 많은 곳에도 남기셨다. 물론 스승은 평화의 전당 건물도 세계 곳곳에 많이 짓고, 각국의 지도자들과 평화를 위한 대화를 한 평생 이어가셨고, 6대주 5대양의 각 대륙의 수많은 분들과의 대담집도 많이 남기셨다.

오늘도 하늘 드높이 별빛은 빛나고 스승님의 마음의 선율이 아름답게 울려 퍼져 가슴속에 새겨진다. 어떠한 인생을 살아갈 것인가? 라고 뇌리에 스쳐들 때, 스승님의 우렁찬 마음의 울림이 오늘도 메아리쳐 가슴속에 살포시 날아든다.
인생의 충실과 탐구 과제를 향한 도전에 정년은 없으며, 연륜을 더할수록 창조의 빛은 한층 더 강열하게 발산하는 사람으로 인생을 풍요롭고 가장 아름다운 삶의 실천을 강조하며 지혜로운 삶을 추구 하셨다.

스승을 가진다는 것은 자신의 삶에 규범을 세우는 것이고, 교육의 근간을 이루는 지름길이며 일생을 살아가면서 어떠한 스승을 만나 살아가느냐가 중요함을 느끼며 지내는 일상이 되었다.

어느 날 우연히 접하게 되었던 스승님의 서적들은 마음속 깊은 곳에 숨겨진 감정을 일깨워 꿈을 펼치고 즐거운 나날을 보낼 수 있는 계기를 만들어 주었고, 황금빛 인생에 감사할 따름이다.

앞으로도 스승님의 가르침대로 다양한 도전정신으로 흔들리지 않는 용기와 인내를 매 순간 구축해 갈 것이다.

사제의 길을 똑바로 걸어가는 그곳에는 영원히 향상할 수 있는 최고의 행복한 인생이 되기 때문이다.

한 번도 뵙지 않고 가슴속에 스승으로 모시며 살아온 인생관 속에 올바른 제자가 되기 위해 오늘도 최선을 다하자 라고 자신에게 주문하면서 가슴속에 새겨본다.

작년에 작고하시기 직전 그렇게도 고맙고 내 인생의 뼈대를 형성해 주신 스승께 편지를 드렸는데, 생각지도 않게 답장의 메시지를 받았다.

처음엔 꿈인지, 생시인지 어안이 벙벙했는데 저같이 평범하고 부족한 사람에게도 격려의 손길을 보내시고, 각국 대통령을 대하듯, 민중을 대하듯 똑같은 일념으로 접하시는 자애를 평생 느끼며, 오늘도 사제 일체, 사제 불이不二의 정신으로 문필에 도전하고 있다.

  작가, 평화 운동가, 사진작가 등 수 많은 타이틀을 지니신 스승께서 항상 지켜보고 계신다는 확신을 갖고.

겨울 여행

친구는 친구들을 싣고, 겨울 바다를 향해 달리고 있었다.

처음으로 초등학교 친구들과 1박으로 떠나는 겨울 여행은 날씨마저 반기는 듯 1월의 날씨는 겨울답지 않게 따사로운 햇살로 이어지고 있었다.

세월을 이기지 못하고 머리엔 찬 서리 내린 반 백발은 차창 사이로 들어오는 바람에 휘날리고 있었다. 인생 그 어떤 터널이 놓여도 이 순간만을 생각하며, 웃으면서 살아가리라 새겨지는 모습들이다.

친구들 얼굴엔 오늘 만큼은 살아온 짐 모두 내려놓고, 어린 시절로 돌아가 최고로 행복하고 즐거운 시간이 만들어 지고 있었다.

태안 고속도로를 타고 보령 해저 터널을 지나 안면도 바닷길 따라 달리다보니, 조그마한 섬마을이 보인다. 천수만 둘레 길에 다다르니, 해설사로 나서는 한 친구의 입담은 재미를 더해가고 있었다.

 창밖의 바다를 바라보며 오가는 대화는 두뇌를 더욱 활발하게 만들어 주고 있었다. 서로가 살아온 삶 속에서 각자가 직면한 다양한 어려움에도 흔들리지 않고 용기와 인내로 행복을 구축해 낸, 친구들의 이야기꽃과 더불어 푸른 물결도 춤추며 아름다운 빛으로 물들여가고 있었다. 진실한 행복을 전할 수 있는 사람이야말로 바로 어릴 적 친구였다.
 남은 여생도 가치 있는 인생을 즐기며, 오늘처럼만 건강하게 살아가자라는 한 친구의 힘찬 소리에 모두가 공감의 박수가 멈출 줄을 모른다.
 저녁에는 미리 예약된 바다가 보이는 숙소로 이동하여 새조개와 쭈꾸미, 석굴까지 푸짐한 열 다섯 명의 저녁상은 어부의 정성이 담긴 바다향기로 가득 채워지고 있었다.
 손자들 커가는 재미에 흠뻑 빠져 지내는 친구들 이야기에 웃음꽃이 방안을 가득 채우며 못하는 한 잔의 술도 나누었다.

 어릴 적 추억에 감싸여 시간가는 줄 모르고, 겨울밤 이야기꽃은 아름답게 피어오르고 있었다.
 한 친구는 칠십 평생 살아오면서 그 동안 누구에게도 말하지 못했다는 인생 이야기에 모두 눈시울을 젖어들게 만들었다. 어린 나이에 한 가정의 맏며느리가 되어 고된 삶을 살아오면서 지혜로움으로 멋지게 극복해낸 사연은 한 드라마 같은 장면처럼 펼쳐지고 있었다.
 인내의 대지에 희망의 씨앗을 심고 두 아이 훌륭히 키워낸 친구의 대화 중에도 나는 마음속으로 깊은 찬사의 박수를 보내고 있었다.

 인생을 살아가면서 스치는 인연도 있지만, 깊은 인연을 맺어 그 인연을 통해 기쁨과 슬픔을 맛보며 우리는 살아가고 있다. 조금 전까지 평범한 생활에서 행복을 느끼지 못하고 살아왔다고 말하던 친구는 아무 말이 없었다.
 긴 여정 누구나 살아가면서 크든 작든 고뇌 없는 인생이 어디 있을까마는, 흐르는 물은 언제나 서로 싸우고 있기 때문에 오히려 정화하는 힘을 얻어 낼 수 있듯이 직면한 고뇌 앞에 지혜로움으로 극복해낸 친구들의 삶들을 들으면서 더 큰 삶의 의미를 얻어내는 겨울여행 밤은 깊어만 가고 있었다. 희망이 있는 한 인생의 폭풍우에도 생명은 영원의 바다를 향해 자신의 완성을 향해 대하처럼 유연히 흘러갈 것이다.

 생명력이란, 미래를 믿는 힘이고 희망을 날마다 계속 새롭게 하는 힘일지도 모른다.
 진실한 행복의 꽃은 인내라는 대지에서 피어난다는 사실을 가슴에 새겨지는 여행이 되었다. 아직 봄은 저 멀리 있기에 겨울 여행은 더욱 망설임이 많았었는데, 이번 여행이야말로 저 푸른 바다만큼 커다란 마음으로 가슴에 담으며 더 없이 값진 여행으로 새겨지고 있었다.

겨울 노을이 물든 하늘이 지켜보는 주름진 친구들 얼굴에는 아름다운 우정의 꽃이 활짝 피어나고 있었다.

이보다 더 아름다운 꽃이 어디 있을까.

모두가 밝은 모습으로 잊을 수 없는 즐거운 여행이 되었다고 한마디씩 남기고 아쉬워하며, 집으로 돌아서는 친구들의 발걸음은 겨울 햇살 아래 분주하게 재촉하고 있었다.

바쁜 나날 속 인생을 살아가면서 여행이란, 이토록 큰 의미와 가치를 가져다주는 것이라는 것을 새삼 확인해 주는 겨울 여행에 감사하며.

황금빛 인생

오늘도 유연하게 살아가는 삶속의
대자연과 대화의 속삭임 속에서
아름다운 인생 장식하기 위해
삶의 진실을 가슴에 물들이며
긴 겨울 헤쳐온 강인한 목련처럼
아름다운 인생 꽃 피우려합니다

바람 따라 구름 따라 흘러가듯
새벽은 스르르 어둠을 몰아내주고
밝은 빛은 이 천지를 감싸안고
오늘도 미소 가득 행복 가득

저녁노을 석양빛 흠뻑 받으며
하늘에 떠도는 별들도
환한 미소 내일을 약속 합니다

인생의 생방송 주인공이 되어
내면의 깊은 생명력 자아내며
태양빛아래 푸른 꿈 가슴 안고
희망의 대도를 활보한 강인함은
최고의 보물로 간직 되었으며
새로운 희망의 바람 가득 채워
황금빛 인생 꽃 활짝 피우려 합니다

조부님과 어머니

지난 가을 여유로움을 즐기며 오가는 사람들 사이로 오랜만에 산책길에 나섰다. 산길 아래 커다란 나무 밑 그늘진 곳의 도토리묵을 파는 여인의 모습이 두 눈에 들어오니, 어느새 내 마음은 어린 시절 속으로 향하고 있었다.

내가 자란 그곳은 충남 광천의 읍내에서 4km 떨어진 뒷동산 모퉁이 돌아서면 아래뜸이라 불리던 마을이 보인다. 뒷동산 그곳은 우리들의 놀이터였고, 가을이 되면 커다란 상수리나무에는 상수리가 많이도 열렸다. 흉년이 들면 그 가을에는 더 많이 열린다는 어른들의 말이 오갔다.

나는 학교 갔다 오면 친구들보다 상수리를 많이도 주어왔다. 부지런한 어머니는 가을 추수하던 날이면 해마다 새참으로 상수리 묵을 내놓으셨다. 어머니는 밤새워 상수리를 맷돌에 갈으셨고 아침이면 상수리 묵이 만들어져 있었다. 논에서 어른들 일하시다가 허리를 펴고 새참 때의 상수리 묵 맛은 제일이라고 하시던 말이 엊그제 같은데 세월의 흐름은 많은 것을 바꾸어 놓았다.

올해 구순을 바라보는 어머니는 참 부지런한 분이셨다. 백여 가구가 모여 사는 마을에서 어머니의 젊은 날 오토바이라는 별명으로 소문나 있었다. 어머니는 열아홉에 결혼하시어 홀 시아버님을 40년 동안 모시며, 그 속에서 육 남매를 키우셨다. 빈곤한 생활은 어머니의 고단한 생활로 이어져갔다. 뒷동산의 커다란 상수리나무들은 어머니의 고된 삶을 위로해주듯 아래뜸을 둘러싸고 있었다.

세월의 흐름 속에 상수리나무들은 개간으로 사라져갔고, 놀이터처럼 놀던 그 모습도 찾아볼 수 없이 변해 버렸다. 허리 굽히고 모내기하던 모습도, 가을이면 새참을 즐기던 그 모습도 이제는 찾아볼 수 없는 아련한 옛 모습이 된 지 오래다.

모두가 기계화 시대로 변하여 옛 모습은 찾아볼 수 없이 변했지만, 제일 많이 변한 것은 어머니의 모습이다. 그렇게 새벽부터 부지런하시던 어머니의 거동이 요즘은 지팡이에 의존하며 지내시는 모습에 마음이 아려온다.

봄이면 채소를 심으시고 여름이면 읍내에 내다 팔고 집으로 오시던 모습도 옛일이 되었지만, 채소와 바꾼 지폐들을 흐트러진 채 들고 들어오셨다. 그리고는 할아버지께 바빠서 돈을 정리할 수 없었다는 말씀을 하신다.

그 말을 살아생전 믿으신 할아버지는 그럼 내가 도와줘야겠구나, 하시던 할아버지 앞에 앞치마를 풀어 놓으시고, 저녁상 준비를 위해 아궁이에 불을 지폈다. 할아버지께서 흐트러진 지폐를 정리하시던 모습은 어머니의 지혜로움 가득한 한 집안의 화목 그 자체였다.

고난을 발판으로 삼으며 어려운 환경 속에서 길 삼과 농사지으시며 몸이 불편하신 조부님을 40년 모시며 살아오신 어머니의 검소함과 부지런한 삶은 존경스런 모습으로 육 남매의 가슴에 새겨져 있다.

자신의 보배는 스스로 만들어 가야 한다고 하시며 강한 사람, 지혜로운 사람, 감동을 주는 사람이 되라는 말씀을 자주 하셨다.

요즘은 혼자서 시골에 지내시기 힘들어 자식들 가까이에서 지내시는 생활이지만 자주 하시는 말씀 중에 지난날 할아버지께 더 잘해드리지 못한 것이 후회된다는 말씀을 자주 하신다. 평생 동안 가족을 위해 헌신하신 몸은 지팡이에 의존하며 지내시지만, 정신 하나만큼은 젊은이 못지않은 것에 감사할 뿐이다.

긴 세월을 뒤돌아보면, 어머니의 삶은 어느 날 우연히 찾아온 행복의 무지개가 아니었음을 알고 있다. 나이가 많아져 어른이 아니라, 많은 것을 알고 배울 것이 많은 사람이 어른이란 말씀도 자주 들려주시는 모습을 바라보는 것만으로도 오늘날 육 남매의 행복이라 생각한다. 일생의 험난함 속에서도 지혜도 인내력도 원동력은 그 누구보다 강한 생명력을 지니신 어머니!

진정한 의미에서 보면, 충족감과 행복감은 마음을 통해서만 얻을 수 있듯 어머니 삶의 모습은 그 자체가 모두 시(詩)였다. 한때는 어머니도 봄 햇살 속에 곱게 피어나는 목련처럼 아름다운 모습 가득했으리라. 태양의 빛은 어떠한 어둠도 물리치듯 한 가정의 태양빛은 어머니의 빛이었다.

인생길에 내 마음에 꼭 맞는 사람이 어디 있으랴! 마음 편하려면 서로 맞춰가야지! 내 말도 더러는 남의 귀에 거슬릴 때도 있겠지! 등으로 언급하시면서 주름진 얼굴에 미소 가득 띠우시며 생명에 명경을 지니신 어머님의 모습이 눈부시다.

인간에게는 일생을 통해 하나의 악보가 주어지고, 그 악보를 어떻게 연주하느냐에 따라 일생이 결정지어지듯 어머니는 누구보다 일생의 악보를 멋지게 연주해 오신 분이 아니었을까 라고 깊어가는 겨울밤, 주름진 어머니의 모습을 그려 본다.

[문학고을 등단 작품]

사돈과의 여행

8년 전 결혼한 아들 내외는 특별한 여행 준비 중이었다.

지난여름 어린 두 아이 그리고 사돈 내외와 해외여행 계획 중이라는 말을 전하였다.

나는 비행 공포증도 심한데다가 사돈 내외분하고 여행이라 하니 조금은 조심스럽고 쉽게 대답할 수가 없었다. 아들이 결혼하면서 양가 부모님 모시고 한번쯤 멋진 여행가는 것을 목표로 적금을 들고 있는 줄은 꿈에도 몰랐다.

한마디로 거절하는 나에게 아들은 평생에 이런 기회는 오지 않을 텐데 후회하지 않겠느냐는 말을 해왔다.

아들이 오래전부터 세밀하게 세운 여행인 줄도 모르고 나는 설명을 듣기 전 거절하고 말았던 것이다.

며칠 후 딸이 설득에 나섰다.

그러다 보면 앞으로 함께 여행가는 일은 없지 않을까요? 라는 말에 비행 공포증을 두 눈 꾹 감고 가기로 결심하였다.

항상 마음이 깊고 상냥한 며느리는 양가 부모님 모시고 나섰다가 후회되는 일이 생기면 어찌하나 한 달 동안 걱정을 하였다고, 다녀 온 후일담 이야기를 하였다.

그렇게 8식구는 10박의 여행길에 오르던 날 대절차가 문 앞에서 기다리고 있었다. 그리고는 8명을 태우고 인천공항으로 달리고 있었다.

공항에 도착하여 라운지 뷔페 식사를 마치고 비행에 올랐다.

몇 번의 비행은 해봤지만 비즈니스 비행은 처음이었다.

아들과 며느리는 이쪽저쪽 오가며 불편함은 없는지 살피고 있었다.

스튜어디스 친절함에 반해버린 유치원에 다니는 손녀는 나도 얼른 커서 예쁜 언니들처럼 되겠다는 말을 하여 비행 속에 웃음꽃이 공중에서 피어나고 있었다.

구름위로 달리는 비행은 언제 보아도 신기하지 않을 수 없었다.

5시간쯤 지나 베트남에 도착하여 마중 나온 차는 다낭으로 향하고 있었다. 미리 예약된 2층집 숙소에 도착하니 넓은 잔디밭과 거실 창 밖에는 수영장이 기다리고 있었다.

아침에 일어나 아래층으로 내려오니 현지 요리사가 아침 식사를 준비하고 있었다.

두 아이는 물놀이에 신이 나 수영장에서 나오지 않으려 했다.

매일 수영장을 다니던 나도 아이들과 사돈까지 즐거움 함께하며 저녁에는 못 하는 술도 사돈과 함께 마시며 낯선 다낭에서 이야기꽃을 피워내고 있었다.

사돈의 젊은 시절 시어른들의 이야기는 책에서나 나올 듯한, 이야기로 이어져갔다.

시어른들의 사랑은 동 시대에 살아오면서 상상 할 수 없는 사랑이었다.

사돈의 넓은 배려심은 며느리만 보아도 느낄 수 있었다.

제일 어려운 사이라면 어려울 수도 있겠지만 그러나 깊이 생각해보면 자식을 나눈 사이다 보니 이보다 더 가까운 사이가 어디 있을까요? 라는 이야기를 주고받던 밤은 깊어만 가고 있었다. 안 온다던 어머니가 더 좋아 할 줄은 몰랐다하며 아들이 한마디 던지고 있었다.

두려운 공포증을 안고 세계기록을 보유한다는 케이블카를 타고 바나힐에 오르니 동화 속 그림 같은 또 다른 세계가 펼쳐지고 있었다.

그 높은 곳에 오르니 손을 뻗으면 하늘이 닿을 것만 같았다.

해발 1487m인 바니힐은 기온이 낮아 아이들은 떨고 있었다.

그렇게 세 가족 여행은 시간가는 줄 모르고 많은 추억이 새겨져 가고 있었다. 긴 여행은 사돈과 더욱 돈독해지는 사이가 되어가고 있음을 알리고 있었다.

10일의 여행길이 어느새 지나갔을까 라며 다음에 또 여행계획 세우자고 사돈이 제안을 하여 나 또한 대찬성 했다.

그리하여 다음번에는 우리들도 비즈니스 값이라도 보태자고 매달 10만원씩 아들 통장으로 일 년 넘도록 넣고 있다.

다음에는 어떤 곳으로 어떤 여행이 만들어질까?

아들은 또 다시 가슴에 새겨질 한마디 남기겠지….

형님 같은 동서

한 겨울 햇살이 창문을 뚫고 찻잔 위로 살포시 날아와 속삭인다.

따스한 햇살과 함께 이야기를 나누다 보니, 잠시 지나온 세월 속으로 향하고 있었다.

동서와 한 가족이 된 지, 어느새 35년이란 세월이 흘러갔다. 이제는 함께 할머니 소리를 들으며 나이 들어가고 있으니, 많은 세월의 흘렀음을 말해주고 있다.

객지 생활이 시작된 나의 생활과는 다르게 동서는 시골에서 농사를 지으며, 시부모님 두 분의 투병 생활 속에 간호까지 다 해낸 동서다.

시어머님 떠나신 후, 시아버님을 10여 년 동안 모시던 생활 속에 암투병 간호에도 단 한 번도 힘들다는 내색을 보이지 않았다. 도에서 효부상을 받았으니, 받고도 남을만한 동서의 모습 그 자체였다.

긴 세월 동안, 때로는 불평불만도 할 수 있었으련만 동서는 아주버님 건강이나 잘 챙기라는 말을 만날 때마다 따뜻한 말로 건네 왔다.
돌 틈바구니 사이에서도 봄이 되면 아름다운 꽃을 피우는 들꽃처럼 고된 농사일 도우며, 시어른 암 투병 간병까지 해내면서 굽이굽이 어찌 힘들 때 없었을까! 만날 때마다 그 모습을 바라보는 마음은 언제나 미안한 마음에 뭐라 표현할 수 없는 것을 가슴에 담으며 돌아서곤 했다.

지금은 어르신 두 분 모두 떠나신 고향인 예산에서 아들 딸 곱게 키워 사위도 보고, 며느리 맞이할 준비를 하며 살아가고 있다. 지난 가을에도 힘들게 추수 거두고 쌀을 많이 보내왔다. 한때는 해마다 가을이 되면 시동생에게 김장배추, 쌀과 고추며 한 트럭을 싣고 일 년간 농사지은 것들을 보내오기도 하였다.

남편의 건강문제로 힘들어하는 나에게 언제나 삶의 고비마다 위로와 희망을 주는 동서였다. 그럴 때마다 고마운 마음 간직하며, 미래를 믿는 희망이 날마다 새롭게 솟아오르고 있었다.
한 집안의 며느리로 동서와 한 가족으로 만난 것은 나의 커다란 행운의 나날들이었다. 자신보다 배려하는 마음이 남달랐던 그 속에는 언제나 다이아몬드 빛이 항상 빛나고 있었다.

나는 그 아름다운 동서와 시동생의 마음을 차곡차곡 잊지 않고, 간직하며 살아왔다. 이제는 그 마음을 헤아려 동서에게 무엇이라도 돌려주고 싶은 마음뿐이다.

인연이란 깊은 인연일지라도 어떠한 계기로 인하여 오해가 일어나 멀어질 수도 있을 것이며, 평생 잊을 수 없는 인연으로 맺어지는 경우도 있다는 사실을 가슴에 담으며 살아가고 있다.

과거에 무슨 연이 있어 한 집안의 며느리로 만나 살아가고 있는 것일까! 평생 잊을 수 없는 동서의 아름다운 마음을 바람에 실어 시부모님께도 보내어 본다.

오래 전에는 동서 부부 효심의 사연이 라디오 방송에서 울려 퍼지고, 방송에서 보내온 선물을 싣고 시골에 갔을 때에 시아버님의 흐뭇해하시던 모습도 엿볼 수 있었다.

며칠 있으면 동서네 가족과 막내동서 가족이 한자리에 모이는 설 명절이 다가오고 있다.

차례 준비와 무엇을 준비할까 생각하니 동서네 식구들 맞이할 마음이 벌써부터 분주해진다. 동서는 음식을 잘하는 것은 물론이고, 얼마나 부지런하고 깔끔한지 냄비 손잡이까지 빛이 반짝이는 살림을 해오고 있다.

동네 이웃 어른들의 칭찬은 물론, 요즘은 부녀회의 봉사활동도 꾸준히 해가는 모습이다.

심전心田에 피어나는 꽃은 더욱 아름답게 빛나고, 향기 있는 사람은 세월이 지나도 늘 그리움 속에 담겨져 가고 있었다.

사람은 누구나 자신만의 행복의 기준을 갖고 살아가지만, 그 기준이 꼭 물질에만 속하는 것은 아니라고 여기며, 깊은 마음에서 우러나오는 울림을 전하며 살아가고 싶다.

황금 같은 땀을 흘리며 행복의 꽃을 향기롭게 피워낸 동서의 모습 속에 아름다운 한 가족의 행복은 언제나 활짝 피어나고 있었다.

꿈과 희망

가난 속에 바쁜 걸음 보릿고개 그 시절
뒷동산에 오르면 산과 들 자연의 바람은
참으로 신비로웠다.

계절을 통해 새싹들은 초록빛 물결치며
우리에게 희망을 전해주고
비바람 속에 무성해진 산과 들 나뭇잎은
아름다운 옷 갈아입고 자태를 뽐낸다.
찬바람 불어오니 고운 옷 모두 벗어 버리고
알몸으로 엄동설한 이겨내려 준비해 간다.

이토록 신비롭게 변해가는 별천지 속에서
부푼 꿈과 희망이 화산처럼 타오른다.
빈틈없는 일상 속에 도전하는 생명 물결치고
진실로 가치 있는 인생 내일의 무대로
펼쳐져 가고 그 속에 인생의 아름다운 꽃
물들어 갈 때 석양빛 노을 붉게
타오르고 있습니다.

2023년 송년회

어린 꼬마 친구들이 어느 새 칠십 나이가 되었다.

서울에서 송년 모임이 있다하여, 오랜만에 새벽부터 서둘러 나서려는데 비가 내리더니 함박눈이 새하얀 세상으로 만들어가고 있었다.

대전에서 함께 살고 있는 성자 친구와 터미널에서 약속을 하고 버스에 올랐다. 기차 예매 매진으로 서울 향해 달리는 고속버스 창가에는 앞을 가르기 힘들 정도로 눈이 휘날리고 있었다. 친구는 설레임에 어젯밤 한숨도 못 잤다는 한마디 남기고, 버스에 오르자마자 깊은 잠에 빠져들었다.

창밖의 쌓여가는 눈을 바라보니 어릴 적 옛 생각들이 머리를 스쳐가고 있었다.

그때는 어찌나 눈이 많이도 내렸는지 담벼락까지 묻힐 정도로 많은 눈이 내리기도 하였다. 눈사람을 만들고 손이 꽁꽁 얼어 집에 들어오면, 화

롯불에 언 손을 녹이며 군밤을 꺼내먹던 추억도 새록새록 떠오른다.

어디 그뿐일까. 꽁꽁 언 논바닥으로 가서 썰매타기 하다가 손목을 다쳐오기도 일쑤였으니, 지금도 손목이 안 좋은걸 보면 그때 자주 다쳐서인지도 모를 일이다.

처마 끝에 길게 매달린 고드름의 풍경은 지금은 볼 수 없는 옛 모습의 추억이 되었지만, 고드름을 따서 먹던 그 시절 친구들을 만나러 가는 시간이 다가오고 있었다.

아마도 옆에서 깊은 잠에 빠진 친구는 꿈속에서 옛 친구들과 눈싸움을 하고 있을지도 모른다는 생각을 하고 있을 때, 어느새 버스는 수원 터미널에 도착해 있었다.

버스가 멈추는 소리에 놀라서 여기가 어디냐며 친구가 잠에서 깨어났다. 잠에서 깨어난 성자와 서둘러 1호선 지하철을 타고 모임 장소인 관악역에 도착하니, 우리가 제일 늦게 도착 하였다.

21명이 모인자리, 친구들은 이미 일찍부터 와 있었다. 멀리 대전에서 매서운 눈길을 뚫고 왔다며, 반기는 목소리가 들려오고 여러 각지에서 친구들의 반가워하는 목소리가 오갔다.

어느새 우리들이 칠십이라니, 여기저기서 세월의 무상함의 한숨 섞인 소리가 방안의 공기로 휩싸이기도 하였다.

친구들 만날 생각에 며칠 잠을 설쳤다는 친구도 있었다.

모두가 그 시대를 살아오면서 꿈을 키우며, 열심히 살아온 흔적은 말하지 않아도 얼굴에 새겨져 있었으며 모두 열심히 살아온 이야기꽃은 방 안을 꽉 채우고 있었다.

맛있는 점심상이 차려 나오고, 손자 손녀들 자랑 속에 웃음꽃은 시간 가는 줄 모르게 만들고, 모두가 즐거움 가득해 보였다.

어려서부터 상상력이 풍부했던 친구는 변함없는 모습으로 여전히 재미를 더해가고, 한 친구는 경제적으로 성공한 삶을 말하며, 다음 여행비용을 모두 부담하겠다는 소리에 박수가 터져 나온다.

건강하셨던 선생님이 몇 달 전 돌아가셨다는 이야기에 잠시 숙연해지고, 선생님과의 옛 추억 속으로 향하기도 하였다.

어린 시절 친구들과 뛰어놀며 많은 추억을 만들어낸 그 학교는 오래전 폐교가 되어 지금은 누군가의 손길로 학교 운동장이 코스모스 관광지가 되어 있다고 전해진다.

지난해에 세상을 떠난 몇 친구의 이야기에 모두가 말을 잇지 못하는 시간이 잠시 흐르고 있었다. 이제는 열심히 살아온 세월만큼 건강을 중요시하는 나이가 되었다.

서로가 손을 잡고 앞으로 이렇게 몇 번이나 더 만날 수 있을까? 라며 서로의 건강을 약속하며 헤어질 시간은 다가오고 있었다. 밖을 내다보니 새벽부터 내리던 눈은 멈추었지만, 세월에 못 이겨 친구들의 머리에 내려 않은 반 백발은 겨울바람에 휘날리고 있었다. 친구들과 다음을 약속하는 인사를 나누고 동행한 성자와 기차에 올랐다.

새벽바람을 헤치고, 출발할 때와는 다르게 성자는 신이 나는 듯 친구들과 주고받던 많은 이야기를 꺼내고 있었다.

옛 친구들과 나눈 이야기를 서로 나누다 보니, 어느새 대전을 알리는 안내방송이 흘러나온다.
 겨울바람은 어깨를 움츠리게 만들고 있었지만, 마음은 어린 시절을 오가며 즐거운 하루도 추억의 한 페이지로 새겨져 가고 있었다.

한 번도 뵙지 못한 외삼촌은 어디에

주말을 맞아 어린 두 아이와 함께 백일장이 열린다는 현충원으로 향했다. 현충문을 바라보며 하늘 향해 치솟는 저 분수대는 누구의 눈물이 모여 저토록 소리 내며 흐느끼고 있는 걸까! 온통 푸른 숲으로 물들어있는 6월의 하늘은 오늘도 구름 한 점 없는 날씨로 이어지고 있다.

46년 전 어린 한 소녀의 맺힌 한은 이제 까만 머리 백발 되어 눈시울도 말라가는 모습으로 변해 버렸다. 무서운 6월의 하늘을 오늘도 바라보고 계실 나의 친정어머니는 1937년 1남 5녀의 막내딸로 태어나셨다. 여섯 살에 어머니 잃고, 아홉 살에 아버님까지 일찍이 여의시고 다섯 자매의 울타리였던 나의 외삼촌이자 어머니의 오라버니는 6.25 전쟁 당시, 외삼촌 나이 스물네 살이었다고 한다.

당시 젊은 청년들은 강제 징용되어 끌려가던 그 비극을, 어찌 현시대 우리들의 커가는 아이들이 그 시대를 상상조차나 할 수 있을까!

그 후 오늘날까지 소식은 끊어지고, 그 눈물의 세월은 어머니의 잔주름만 늘어가는 시간으로 흘러만 갔다.

살아계신다면 올해 70세가 되신다는 외삼촌을 생각하시며, 오늘도 6월의 하늘을 바라보며 한숨으로 지내시는 어머니는 외삼촌이 살아계신다면 이토록 무소식이 될 수 있을까? 어머니는 한사코 살아 계실 거라 믿으며 살아가신다.

어느새 내 아이가 자라 그 당시 어머니의 나이가 되었고, 6.25에 대한 이야기를 묻고, 남북에 대한 공부를 하고 있다.

어머니는 그 많은 세월 속에 6월이 되면 눈시울을 적시며 지내셨다.

외삼촌의 그리움 속에 지내시던 모습을 보며 나는 어머니의 한숨을 보며 자랐다. 이제는 두 아이 엄마가 되어 더욱 어머니의 아픈 마음을 헤아리며 살아가고 있다.

방학이 되면 외가에 놀러 가는 친구들을 부러워하며 나는 왜 외갓집이 없느냐고 어머니를 조르기도 하였다. 어머니의 아픈 상처는 아랑곳하지 않고 철없던 어린 시절, 6월 현충문을 바라보며 어머니께 고개 숙여 죄송한 마음 전해본다.

인간은 무엇을 위해 전쟁이라는 비극을 만들고 있을까?

이제는 서로가 그 의미를 생각하며, 남북분단 비극 또한 결국 인간이 만든 것이기에 그렇다면 인간이 바꾸지 못 할리 없지 않을까! 인간을 가로막는 모든 장벽을 넘어 마음을 연결하고 남북의 목소리가 한마음 되어 하늘 높이 울려 퍼지는 그날이 어머님 생전에 하루빨리 다가오길 간절한 마음으로 두 손 모아 기원해 본다.

우리나라는 5천 년 역사상, 정치, 경제, 문화, 교육 모든 면에서 세계 선진국 대열에 진입하고 있는 요즈음, 닫혀진 서로간의 마음이 이어져서 철조망 휴전선도 녹일 수 있도록 간절한 마음 담아, 이 시간 바람에 실려 북쪽 하늘로 날려 보내본다.

확고한 믿음과 진심의 웅변으로 서로의 마음을 열게 하고, 정의로움으로 분쇄하며 따뜻한 마음으로 이어지는 그 날은 언제일까.
사이좋은 하나의 민족의 문을 열 수 있는 그런 날이 하루빨리 찾아오길 하늘 향해 치솟고 있는 저 분수대도 소망하고 있을 것이다.

어머님이 바라시는 세상이 하루속히 와주길 6월의 하늘 향해 자라나는 저 푸른 숲 나무들은 알고 있으려나, 어머님이 손꼽아 기다리는 세상이어서 빨리 찾아 와주길 기대해본다.
한 사람 무명의 서민 어머님 속에 국가도 민족도 들어 있고, 그 민중들이 있기에 국가도 형성되는 가장 간결한 진리는 정치와 이데올로기를 비롯 모든 것에 앞서는 사실이리라.

　오늘도 주름이 쌓인 어머님 얼굴엔 외삼촌 모습을 그리워하며 하루해는 또 다시 저물어 가고 있겠지.

[1996 대전 중구청 백일장 일반부 입상]

오늘도

오늘도 어김없이 새벽에 떠오르는
빛은 암흑의 어둠을 몰아내고
순식간에 온천지 대지를 밝게 비춘다.

그 빛과 열은 만물의 생명을
잠에서 깨우고 풍요로움을 전해준다.
이 한 몸 생명의 빛은 어디를 향해
비추고 있는 걸까?

오늘도 생동감 넘치는 신념으로
어제의 자신보다 빈틈없는 품격으로
후회 없는 인생 페달을 밟으며
찬란하게 빛나는 날개를 펼쳐간다.

친정아버님 기일 날

며칠 전, 친정아버님의 기일 날이었다. 오랜만에 어머니와 함께 육 남매 모두 한자리에 모이게 되었다. 대전에 계시는 어머니는 일찍부터 서두르시며 멀리서 온 자식 늦게 출발하면 가는 길 고생한다며, 일찍이 제사상을 준비하라 명을 내리셨다.

천안, 대구 등 각지에서 모두가 분주하게 살아가는 동생들과 오랜만에 한자리에 모이니 많은 대화들이 쏟아진다. 육십이 넘은 두 여동생은 올해 대학교 졸업반이 되었다. 거기에 질세라 직장을 다니는 막내 올케도 대학생이다 보니, 모든 대화는 대학 생활의 화제로 이어지고 있었다. 대학생 그것은 아버지가 제일 소원하시던 일이기도 하였다. 그렇게 세 동생들은 어느새 사회복지과 졸업반이 되었다.

넷째 여동생은 남동생 유학까지 뒷바라지하고 늦게 결혼하여 낳은 두 남매와 동시에 한 집에 세 명이 대학생이 되어 있다. 그 여동생은 작년에 이어 올해도 과대표를 맡아 바쁘게 지내는 생활에 가끔씩 만날 시간 여유조차 내주지 못하고 분주한 나날을 보내며 살아가고 있다.

제사 음식을 준비하면서 나누는 대화 속에 어머니도 대학생이 되어 있었다.

얼마 전에는 수업 시간에 교수님은 살아가면서 제일 고마웠던 이야기 한마디씩 발표하라는 화제의 사연이 흥미진진하였다. 천안의 둘째 여동생은 미국에서 온 한 지인이 본인과 대화를 나누면 언제나 피가 맑아지는 느낌을 받는다라는 말에 고마움을 느낀다는 이야기를 수업 시간에 전하였다고 한다. 과대표 동생은 절대로 빼놓을 수 없다는 어머니의 이야기였다.

해마다 연말이 되면 어머니 중심으로 육 남매 모두 한 자리에 모인다. 어머니는 생명에 명경을 가진 모습으로 매번 당연히 진행을 맡아 보신다.

금년도 이루지 못한 일은 무엇일까? 또한 내년 새로운 목표는 무엇을 세웠는지? 순서대로 발표하라는 가족 좌담회 이야기로 어머니는 자연스럽게 분위기를 만들어 가신다. 지난 연말 88세 연세에도 불구하고 변함없었다.

교수님도 수업시간에 소개한 어머님의 이야기에 감동을 받았다며, 화제의 꽃으로 피어났다고 한다. 모두 모인자리를 둘러보니, 올해 수능을 본 조카를 비롯하여 나를 빼고는 모두 대학생으로 둘러싸여 있었다.

나는 대학생은 아니지만, 과연 어떤 고마움을 느끼며 살아가고 있을까? 집에 돌아오는 내내 가로등 불빛 사이로 차창에 비치는 자신의 모습을 바라보며 묻고 있었다.

너에 고마움은 무엇이라 생각하니? 어머님과 멀어져가는 어둠 속에서 자신의 마음속 깊이 사색에 빠져들고 있었다.

살아온 공간들을 둘러보니, 고마운 사연 속에 고마운 분들이 스쳐 지나가고 있었다. 그 중에서 며느리의 이야기를 빼놓을 수 없다.

며느리와는 8년 전 한 가족이 되었다.

두 아이를 연년생으로 키우면서 상냥하고 살뜰히 살아가는 모습이 얼마나 예쁜지 모른다.

결혼 전에는 프로 골프 생활로 열심히 일을 해왔다. 한때는 박세리 선수와 함께 합숙 훈련도 하면서 운동도 열심히 해왔다는 이야기도 들려주었다. 아들 며느리에게 아무것도 해준 것이 없는데 가까이에 살면서 해마다 아들 생일날에는 초대까지 해주며, 마음을 담아 어머님의 선물을 먼저 준비했다고 내민다. 언제나 선물은 받는 기쁨도 크지만, 그 헤아리는 깊은 마음을 생각하면 이보다 더 큰 선물은 없을 것이다. 그런 세심한 마음을 안고 살아가는 며느리의 마음이 더없이 고마울 뿐이다.

요즘 주변에서 젊은이들의 이야기를 보고 듣는 일이 많아진다. 며느리의 뒷모습을 보고 자라나는 어린아이들을 바라보는 생활이 더없이 고맙고, 행복한 나날들이다.

며느리와 가끔씩 찻집에 마주앉아 나누는 대화는 커다란 즐거움이자, 행복이 생명 가득히 채워져 인생의 봄을 맞아 가슴속에 나비 한 마리 날고 있는 듯하다.

세상의 모든 시어머니들의 바램처럼, 며느리가 아들과 함께 항상 신선한 마음을 유지하면서, 자기 생명을 최대한으로 충실하게 확대하여, 자신의 인생을 만끽하고 후회 없는 삶을 살아가길 바랄 뿐이다.

전회수 수필집
인생 오후

발행일 _ 2024년 10월 10일
지은이 _ 전회수
펴낸이 _ 이영옥
펴낸곳 _ 도서출판 이든북

신고번호 _ 제2001-000003호
주　　소 _ (34625) 대전광역시 동구 중앙로193번길 73
대표전화 _ 042-222-2536
팩시밀리 _ 042-222-2530
휴대전화 _ 010-6502-4586
전자우편 _ eden-book@daum.net
공 급 처 _ 한국출판협동조합
주문전화 _ (02)716-5616
팩시밀리 _ (031)944-8234~6

ⓒ전회수, 2024
ISBN 979-11-6701-309-5
값 13,000원

* 지은이와 협의하여 인지는 생략합니다.
* 이 책 내용과 사진 전부 또는 일부를 재사용하려면 반드시 지은이와
  이든북 양측의 동의를 받아야 합니다.